화폐 권력과
민주주의

대한민국 경제의 불편한 진실

DOLLAR

화폐 권력과

민주주의

최배근 지음

DEMOCRACY

월요일의꿈

차례

1장. 화폐와 민주주의

하나. 문재인 정권(2017~2021년)에서 우리나라 전체 소득에 해
당하는 국내총생산GDP이 235조 9,598억 원 증가했다. 같은 기간
에 국내 순자산은 5,494조 7,427억 원 증가했다. 소득보다 자산
이 23배 이상 증가했다. 가계 기준으로 보더라도 큰 차이가 없다.
같은 기간 가계 소득은 176조 609억 원, 특히 근로소득은 140조
8,345억 원 증가한 반면 가계순자산은 3,334조 294억 원 증가했
기 때문이다.

많은 국민의 삶이 위기를 겪었던 코로나 팬데믹 기간 2년
(2020~2021년)으로 좁혀 보면 더 끔찍하다. 국민 순소득은 111조 원
이 증가했는데 국민 순자산은 3,239조 원 증가했다. 자산 증가가
소득 증가보다 29배가 넘는다. 특히 부동산자산이 2,825조 원 증
가했다. 참고로 같은 기간 주식 가치의 증가분은 부동산자산 증
가분의 3분의 1도 안되는 932조 원에 불과했다. 이 부분에 있어서
선진국 중 자산 불평등이 가장 심한 국가인 미국과 정반대이다.

이 기간 중 통화량은 약 700조 원 증가했는데 이중 실물경제로 흘러간 돈은 22%에 불과했다. 나머지는 자산시장으로 흘러 들어간 것이다. 갓난아이까지 포함해 국민 1인당 1,322만 원에 해당하는 규모인데 코로나 팬데믹 기간에 그 이전에 비해 자신을 거쳐 간 돈이 1,322만 원보다 적었다면 대한민국 돈의 흐름에서 소외되었음을 의미한다.

둘. 물론 소득과 자산 증가의 비대칭성은 문재인 정권에서 일어난 일이 아니다. 그렇지만 외환위기 이전까지 소득 증가율이 자산 증가율보다 컸지만, 민주정권이 집권한 외환위기 이후부터 비대칭성은 심화했다. 특히 (다음 〈표 1〉에서 보듯이) 노무현 정권과 문재인 정권에서 소득과 부동산자산 증가의 비대칭성은 확대되었다.

가계의 소득 증가율과 부동산자산 증가율의 격차는 노무현 정권에서 연평균 8.3%p, 문재인 정권 마지막 2년에서 연평균 7.5%p까지 벌어졌다. 이 수치들은 노무현 정권과 문재인 정권이 부동산 문제로 정권을 빼앗겼다는 말을 뒷받침하고 있다.

물론, 일부에서는 민주당 정권 시절 전 세계적으로 돈이 많이 풀린 사실로 억울하다 할 것이다. 맞는 말이다. 2003년 7월~2004년 7월까지, 노무현 정권이 시작한 2003년에 미국 연준은 닷컴버블 붕괴 후 침체에 대응하여 (2000년 5월 6.5%였던 금리를 2001년에만 4.75%p를 내리는 등) 공격적으로 금리를 인하했고, 2003년 6월 말부터는 1%라는 초저금리 시대가 열렸기 때문이다. 2004년 하

〈표 1〉 외환위기 이후 역대 정부에서 가계 소득 및 가계 부동산자산의 증가 추이

	김대중 정부	노무현 정부	이명박-박근혜 정부	문재인 정부	팬데믹 기간 (2020~2021)
가계 처분가능소득 연평균 증가율	5.9%	6.1%	4.9%	3.7%	3.7%
가계 부동산자산 연평균 증가율	6.0%	14.4%	4.5%	8.7%	11.2%
가계 처분가능소득 총 증가액(A)	116조 원	185조 원	332조 원	190조 원	80조 원
가계 부동산자산 총 증가액(B)	509조 원	2,139조 원	1,871조 원	2,960조 원	1,658조 원
B/A 배율	4.4배	11.6배	5.6배	15.6배	20.7배

출처: 한국은행.

반기부터 인상을 시작했지만 2년간 0.25%p씩 17회에 걸쳐 점진적으로 끌어올렸다. 경제규모 2위였던 일본 역시 1999년부터 제로금리 시대를 열었고, (2001년 전후 잠시 0.25%로 올린 적이 있었지만) 2001년 3월부터 2006년 3월까지 5년간 양적완화까지 시행했다. 그 결과 노무현 정권 시절은 글로벌 유동성이 폭발적으로 증가한 시기였다. 자산시장이 펄펄 끓을 수밖에 없던 환경이었다. 마찬가지로 팬데믹 이후 쏟아낸 전 세계 유동성이 문재인 정권에서도 반복되었다. 유동성 규모는 더 커졌다. 이것을 몰라서 하는 이야기가 아니다.

하지만 돈 세례는 모두에게 쏟아진 것이 아니었다. 정부의 말을 따르던 수많은 사람들은 이른바 벼락거지가 되었기 때문이다. 미친 집값은 비정상이고 집권 초기 상태로 돌아가야 하고, 돌려놓을 것이라는 대통령의 말을 믿고 자산시장은 쳐다보지 않으면서 성실하게 땀 흘리며 살던 사람에게는 날벼락이었기 때문이

다. 이들의 분노를 이해하지 않는다면 정치를 할 이유가 없다. 돈의 (공평한) 배분이 바로 정치의 역할이기 때문이다.

셋. 대한민국 국세청에 포착된, 소득이 있는 사람은 2021년 기준으로 약 2,536만 명이었다. 이들을 일렬로 세울 때 중간에 있는 사람의 세전 소득이 2,660만 원이다. 월 222만 원 정도이다. 당시 최저임금 기준 월급이 약 182만 2,500원 정도였다(연소득 기준 2,186만 9,760원). 하위 40%선의 세전 연소득이 2,181만 원이 채 안 되니 소득이 있는 국민 중 적어도 하위 40%는 최저임금 수준도 되지 않는 소득으로 살아가고 있음을 보여준다.

임금노동자만 보더라도 마찬가지이다. 2021년 약 1,996만 명의 임금노동자 중 소득이 중간인 임금노동자의 소득이 세전 월 250만 3,192원 정도이다. 대한민국 임금노동자 중 약 절반이 월 250만 원 이하 소득자인 것이다. 하위 32% 임금노동자(약 639만 명)는 최저임금 수준의 소득도 벌지 못한다.

2021년 9월에 서울 아파트 평균 가격이 11억 9,978만 원이었다. 처음으로 12억 원이 무너졌다며 기사가 쏟아졌다. 중간 소득 임금노동자의 33년치 월급이 10억이 채 되지 않는다. 노동으로 서울에서 아파트를 마련하는 것은 사실상 불가능하다.

이런 사회에서 누가 땀을 흘리며 살고 싶을까? 온 국민이 부동산 재테크에 관심을 갖고 살아가고, 많은 청년이 투자 위험성을 알면서도 일확천금을 노리며 코인에 투자하는 것도 땀 흘려

버는 소득으로는 미래를 기대할 수 없기 때문이다. 지난 20년 이상 대한민국은 부동산을 매개로 만들어진 카르텔이 공고해지며 대부분 자원을 흡혈귀처럼 빨아들이고 있다. 부동산 카르텔의 최대 목표는 부동산 가치를 유지하고 나아가 그 가치를 증대시키는 것이기 때문이다. 그 결과 생산적인 가치 창출 활동은 마른 고목처럼 시들어간다. 이런 현실에서는 돈을 아무리 풀어도 실물 경기로는 돈이 별로 가지 않는다. '고인물 사회', '과거에 갇혀 있는 사회'가 된 이유이다.

고인물 사회, 과거에 갇혀 있는 사회를 상징하는 국가가 일본이다. 한국 경제의 '일본화(가능성)'가 오래전부터 우리 사회에 회자하는 배경이다. 경제지표와 사회구조 등을 보면 일본화는 상당히 설득력을 갖는다. 아니 이미 일본화가 시작되었다고 볼 수 있다. 이와 관련하여 대중이 기억할 만한 세 가지 이야기를 나눠보자.

첫 번째 이야기. "일본 산업은 혁신을 하지 못했습니다. 일본 산업은 미래를 위한 새로운 먹거리를 창조하는 데 있어 10년을 잃었습니다. (…) 이제는 제조업이 더 이상 중요하지 않아요. 새로운 산업이 중요한데요, 일본뿐만 아니라 **한국도 이런 점에서 뒤처져 있어요.**" 2022년 말 KBS 〈시사기획 창〉이 일본을 타산지석으로 삼자며 기획한 프로그램의 첫 회에 소개된 와타나베 히로시渡辺博史 국제통화연구소 이사장의 인터뷰 내용이다. 그는 일본의 실수를 이야기하고 있지만, '한국, 너희들도 일본의 길을 따라가고 있어'라며 말을 맺는다.

두 번째 이야기. "나는 우리의 미래에 강한 우려를 갖고 있다. 그것은 공포라고 해도 무방하다. 앞으로 고령화가 더욱 진행되면서 사회보장 재정이 궁핍해지고 경제의 생산성은 더욱 떨어질 것이다. 대외수지도 악화할 것이다. 노후 자금이 충분하지 않아 생활 보호를 신청하는 고령자 가구가 급증할 것이다. 해결책 마련이 시급함에도 불구하고 우리는 아무런 대책도, 준비도 되어 있지 않다. **모두가 비정상이라고 생각하면서도 이 상황에서 뭘 어떻게 해야 하는지 모른다. 이와 같은 상황에 대해 국민들이 목소리를 높이지 않는 것이 현재 우리 사회의 가장 큰 문제이다. 국민은 목소리를 낼 필요가 있다.**" 한국 이야기처럼 들리지만, 한국 이야기가 아니다. 대장성 관료를 지낸 노구치 유키오野口 悠紀雄가 일본을 걱정하며 쓴 한 칼럼(《비즈니스+IT》, '왜 일본 국민은 소리를 높이지 않는가. 주식, 부동산 등 일본 자산이 폭락하는 흉악한 미래', 2023년 8월 28일) 내용 중 일부이다.

그리고 마지막 세 번째 이야기는 앞의 두 이야기에 대한 답을 담고 있다. 2023년초(1월 20일), 10년 동안 (그러나 30년 전부터 일본과 관계를 맺어오며 일본인 여성과 가정을 꾸리고 세 자녀까지 두고 있을 정도로 일본 사회에 대해 잘 이해하는) 일본 도쿄 특파원으로 일하다 고국으로 돌아가는 영국 BBC의 루퍼트 윙필드-헤이즈Rupert Wingfield-Hayes 기자가 자신의 경험을 회고하며 쓴 기사가 큰 반향을 일으킨 적이 있었다. 기사 제목은 '일본은 미래였다. 그러나 과거에 갇혔다(Japan was the future, but it's stuck in the past)'이지만 '과거에 갇혔다'에 방

점이 있는 회고 기사였다. 기사 말미에 소제목으로 박혀 있는 '**노인이 아직도 권력을 쥐고 있다**(The old are still in power)'가 '일본이 과거에 갇혀 있는' 이유를 한마디로 설명하고 있기 때문이다.

이 문제를 상징적으로 보여주는 한 마디가 와타나베 히로시 국제통화연구소 이사장의 "제조업이 더 이상 중요하지 않아요"에 담겨 있다. 그런데 우리 사회의 정부 관료나 정치인, 전문가 중이 지적을 이해하는 사람이 몇 명이나 있을까? 많은 사람은 일본의 '잃어버린 30년'의 원인으로 1990년대 초 자산시장의 거품 붕괴를 떠올린다. 그런데 오랫동안 연구한 결과, 잃어버린 30년은 히로시의 말대로 미래를 위한 새로운 먹거리 창조 문제인 '산업혁신의 실패'에서 비롯한 것이고, 자산시장의 거품은 산업 혁신이 아닌 금융 완화라는 '모르핀' 공급으로 대응한 결과물이라는 주장에 일본 학계는 컨센서스가 이루어졌다.

자산시장 거품 붕괴 이래 (OECD 통계에 따르면) 1992~2001년간 일본의 연평균 성장률은 1.0%에서 2002~2011년간 연평균 0.5%로 떨어졌듯이 1990년대 이후 일본 경제는 사실상 성장이 중단되었다. 그런데 그 배경에 대해서는 모르는 이들이 많다. 일본 경제는 연평균 9.4%(1945~1950년) → 10.9%(1951~1955년) → 8.7%(1956~1960년) → 9.7%(1961~1965년) → 12.2%(1966~1970년)의 고성장을 지속하다가 갑자기 1972~1981년간 연평균 4.3%, 1982~1991년간 연평균 4.0%로 70, 80년대의 성장률은 그 이전에 비해 반토막 밑으로 급락했다. 두 자릿수에서 단계적 하락이 아닌 말 그대로 '급락'이었다. 그 배경에는 국제통화시스템의 급변과 탈공업화의 진행이 있었다. 제조업 고용률은 1973년 27.8%로 정점을 찍고 24.6%를 기록한 1992년까지 20년간은 탈공업화가 서서히 진행했지만, 그 이후 2012년까지의 20년간은 16.6%까지 하락할 정도로 급속히 진행되었다.

이처럼 산업 혁신이 필요했지만 '제조업 최고'라는 자만심에 빠져서 돈 풀기로 대응했고, 그 결과가 자산가치의 거품 형성이었다. 그리고 거품 붕괴에 대한 대응 역시 돈 풀기와 건설경기 부양이었다. 1990년대 말부터 뒤늦게 산업 구조조정을 추진했지만, 기업 통폐합으로 산업 다이어트만 이루어지고 새로운 먹거리로 설정한 창조산업 육성은 처참히 실패했다. 비유하자면 식이요법으로 살은 뺐지만 체력 강화에는 실패한 것이다. 제조업과 부동산자산, 건설경기 부양 등이 과거에 갇힌 일본 경제의 상징물이 된 배경이다.

과거에 갇혀 미래로 나아가지 못하면서 그 피해는 일차적으로 무기력한 '청년'으로 이어졌다. '사토리さとり' 세대가 그것이다. 주지하듯이 사토리는 '깨달음'이나 '득도得道'를 의미한다. 그리고 '사토리 세대'는 1980년대 후반부터 1990년대에 태어나 현재까지 일본 사회와 경제의 근본적 변화를 본 적이 없다 보니, 돈벌이는 물론 출세에도 관심이 없게 된 젊은이들을 이르는 말이다. 출생 이후 30여 년간 멈춰 있는 사회와 경제 속에 살다 보니 앞으로도 변화를 기대할 수 없게 되었고, 오히려 미래에 대한 장밋빛

전망을 하는 것 자체가 희망 고문이 된다. 야망이 없다는 기성세대의 질책은 공허하기만 하고 꼰대의 잔소리로 취급된다.

일본 후생노동성 산하 국립사회보장·인구문제연구소 조사에 따르면 2015년 기준 35세 미만 미혼 중 섹스 경험이 없는 남성의 비중은 42%, 여성은 44.2%였고, 이는 2010년보다 약 6% 증가한 수치였다. 연애를 왜 하지 않느냐는 질문에 남성은, 교제하는 동안 여성들은 남성이 모든 것을 지불하고 정서적으로 교감이 되기를 바라기 때문에 여자친구를 갖는 것이 너무 부담스럽다고 답했다. 반면 여성은, 남성들이 너무 야망이 없다고 답했다. 부모 세대와 달리 좋은 일자리가 만들어지지 않고 소득 또한 정체된 경제 상황에 직면한 '청년 남성'은 과거에 갇힌 일본의 상징으로, 부모 세대보다 사회경제적으로 나아진 환경에서 성장하여 부모 세대처럼 참고만 살지 않는 '청년 여성'은 과거에서 벗어나려는 일본의 상징처럼 보인다. 그리고 남녀 간 이러한 틈은 결혼 회피와 저출산, 초고령화 사회로 이어졌다.

과거(제조업)에 갇힌 일본 경제는 일자리 양극화 및 소득 양극화를 수반했고, 소득 불평등은 결혼율에 치명상을 입혔다. 일본 총무성이 2022년에 실시한 취업구조 기본조사를 토대로 30대 직장인 남성의 소득과 미혼율의 관계를 분석한 결과, 연수입이 비교적 낮은 계층인 200만 엔(약 1,800만 원)대에 속하는 이들은 64.7%, 100만 엔(약 902만 원)대에 속하는 이들은 76.3%의 미혼율을 나타낸 반면, 연수입이 800만 엔(약 7,200만 원) 이상인 고소득층은 17.3%,

600~700만 엔(약 5,400~6,300만 원)대는 21.4%로 상대적으로 낮은 미혼율을 보였다. 소득 격차가 낮은 결혼율 → 저출산(=고령화) 등 인구오너스(Demographic Onus, 생산 연령 인구가 줄고 부양해야 할 인구가 늘어나면서 경제성장이 둔화되는 현상)로 이어진다. 일본이 1970년 고령화사회, 1994년 고령사회, 2006년 초고령사회로 진행된 배경이다.

인구구조 악화는 소득 불평등과 더불어 내수 취약성을 구조화했다. 일본 내각부 산하 경제사회연구소의 2016년 국민계정체계 System of National Accounts, SNA에 따르면 물가를 고려하지 않은 명목 기준으로 가계소비지출(계절조정) 규모는 2001년 283조 엔에서 (아베 정권 출범 직전인) 2012년 283조 엔으로 변화가 전혀 없었다. 그 결과 명목GDP는 같은 기간 523조 엔에서 495조 엔으로 줄어들었다. 아베(+스가) 집권 기간에 일본은행의 자산(부채)이 565.4조 엔이 증가할 정도로 돈을 천문학적으로 찍고 엔화 가치를 떨어뜨려 수출을 늘리려 한 배경이다. 그런데 일본 수출액은 엔화 기준으로 아베 정권 출범 전 최대치였던 2011년 71.3조 엔 → 2018년 101.9조 엔으로 정점을 기록 후 하락 → 2021년에는 100.2조 엔까지 회복했다. 그런데 수출액을 달러 기준으로 보면 2011년 9,209억 달러 → 2018년 9,232억 달러 → 2021년 9,111억 달러로 지난 10년간 증가는커녕 오히려 후퇴했다.

경제 규모를 나타내는 GDP도 마찬가지이다. 일부는 '잃어버린 10년'이나 '잃어버린 20년'은 인정해도, '잃어버린 30년'은 아니라는 주장이 있다. 엔화 기준으로 현재 가격의 명목 GDP는 1994년 511조 엔에서 (아베가 재집권하기 직전인) 2012년에는 500조 엔이었기에 '잃어버린 20년'까지는 타당하지만, 아베노믹스가 시행된 2013년 이후부터는 1994년 수준을 돌파하여 2022년까지 명목 GDP가 557조 엔까지 증가했기 때문이다. 반면 물가 변화를 고려한 실질 GDP 기준으로는 1994년 447조 엔에서 2001년 484조 엔, 2012년 518조 엔, 그리고 2022년 547조 엔으로 지속해서 증가했다. 결국 명목 GDP로 잃어버린 10년과 20년을 이야기한다면, 2013년 이후 10년간 경제 규모의 증가는 어떻게 해석해야 하는가? 환율 상승, 즉 (앞에서 소개했듯이 아베노믹스에 의한) 엔화 가치 하락의 효과였다. IMF의 자료에 따르면 달러 기준, 명목 GDP는 2012년 6조 2,724억 달러에서 2022년 4조 2,375억 달러로 줄어들었다. 앞에서 소개한 달러 기준 수출액과 같은 내용임을 보여준다. 이처럼 지난 10년은 일본 경제가 돈을 풀어 해결할 수 있는 문제가 아님을 보여준다.

이상의 일본 이야기가 현재의 대한민국 모습과 매우 흡사하지 않은가? 한국 사회와 경제야말로 제조업 성장은 정체하는 가운데 미래 먹거리는 보이지 않고, 부동산은 모든 자원을 빨아들이는 블랙홀이 되며 부동산자산에 기반한 세습사회는 강화되고 있고, 대기업-중소기업 노동자의 임금 격차, 정규직-비정규직 노동자의 임금 격차, 임금노동자-자영업자의 소득 격차 등은 그 격차가 구조화된 지 오래됐다. 그 연장선에서 AI 영역으로 넘어간 (사람을 만드는 일인) 교육은, 정해진 답을 빨리 그리고 많이 습득하는 산업화 시대에서 벗어나지 못하고 있고, 미래가 보이지 않는 상황에서 청년에게 결혼은 사치로 취급되고 자기 삶을 대물림하지 않겠다며 '출산 파업'을 하는 등 일본 사회와 경제보다 나은 점을 찾기 어렵다.

과거에 갇혀 있는 사회는 기본적으로 사람들이 과거에 갇혀 있기 때문이다. 특히 과거의 경험이나 유산 등에 갇혀 있는, 많은 노년층의 사고나 기득권 등은 미래의 발목을 잡고 변화를 거부하고 있다. 일본과 차이가 있다면 65세 이상의 노년층 비중이 3분의 1에 가까운 일본과 달리 한국은 아직 20%가 채 되지 않는다는 점이다. 무엇보다 정치의 세습화가 진행되고 있지 않다는 점이다.

시대 변환기는 (정도 차이가 있지만) 기존 질서나 기득권 대 새로운 변화의 힘 간에 사회 갈등이 증폭된다. 사회 갈등을 조절하며 새로운 변화를 만들어가는 데 절대적 역할을 하는 것이 정치 리더십이다. 한국 사회는 지구상에서 민주주의 역동성이 가장 큰 사회 중 하나이다. 예를 들면, 세계 각국 전문가들의 협업으로 민주주의나 정부 자질 등을 가장 체계적으로 연구하는 스웨덴의 민주주의다양성연구소V-Dem가 세계 179개 국의 민주주의 수준을 10개 그룹으로 분류하여 매년 3월에 발표하는 민주주의 보고서에 따르면 한국은 2016년에 3그룹에서 2018년부터 2021년까지

1등급으로 상향 이동했다가 윤석열 정권 출범한 2022년에 2그룹으로 내려갔다. 민주주의의 역동성과 더불어 취약성을 동시에 보여주고 있다. 반면 일본은 정치의 세습성과 노인층의 지배 등으로 민주주의 역동성이 구조적으로 제약되어 있다. 이후 살펴보겠지만 우리는 자본주의의 역사를 통해 민주주의가 미래를 여는 키워드임을 이해할 수 있게 될 것이다.

DOLLAR DEMOCRACY

화폐와 민주주의

경제는 돈(권력)의
배분 문제

　사람은 사회적 동물이다. 왜 함께 사는 방식을 선택했을까? 무엇보다 (생존 욕망은 모든 생명체의 가장 강한 욕망이듯이) 다른 군집 동물처럼 생존에 유리했기 때문이다. 반면 자연이 부여한 본능에 따라 살아가는 다른 군집 동물과 달리 사람은 (자신의 행동과 의사결정을 스스로 조절하고 통제할 수 있는 능력인) 자유의지로 사회를 끊임없이 재구성한다. 그리고 자유의지는 '사회를 구성하고 유지하는 공정한 도리'를 뜻하는, 이른바 '정의'의 내용을 결정한다. 예를 들어, 인간은 다른 동물과 달리 생존에 필요한 것을 스스로 만드는, 이른바 '생산' 능력을 갖고 있다.

　그런데 사회적 동물이라는 의미는 (대부분 주요 활동들이 사회적 활동이듯이) 인간이 필요해 만든 모든 생산물이 '사회적 생산물'이라는 것을 의미한다. 심지어 개인 텃밭에서 재배하는 작물도 혼자만의 생산물이 아니다. 텃밭에서 재배하는 작물 종자나 작물 재배 도구 등은 모두 사회적 유산이기 때문이다. 모든 생산물이 사회적 생산물이다 보니 사회적 생산물의 배분 역시 '사회몫'과 '개인몫'으로 나눈다. 월급쟁이가 세금 등을 제외한 나머지 소득만을 수취하듯이 사회적 생산물의 화폐적 표현인 사회적 생산액 중 사회몫을 떼낸다. 이 사회몫은 일차적으로 (생산물을 함께 만든) 사회 구성원 모두에게 최저 생계소득으로 배분하고, 또한 사회 구성원 모두의 생명과 안전을 위한 국방과 치안 활동 등에 사용한다.

이처럼 생산활동에 기여한 모든 국민은 최저 생계소득을 배분받을 권리를 갖는다. 복지가 아니라 기본권리라는 이야기이다. 그리고 사회적 생산물 중 사회몫을 제외한 나머지는 각 개인의 가치 창출 기여에 따라 배분한다.

여기서 사회 전체 생산물 중 사회몫을 얼마나 배분하고, 어떻게 사용할 것인가 등을 결정하는 것이 '정치'의 영역이다. 근현대 사회에서 정치는 '1인 1표' 원리에 기반한 민주주의에 바탕을 두고 있다. 그리고 개인몫은 '1원 1표', 즉 돈의 힘의 원리가 작동하는 시장에 바탕을 두고 있다. 인간이 사회적 삶의 방식을 선택할 때부터 정치와 경제가 분리될 수 없었던 배경이다.

이처럼 정치란 삶을 함께 살아가면서 필연적으로 발생하는 공동 문제를 해결해가는 과정 전체를 의미한다. 다시 말해, 무인도에서 혼자 살면 정치는 필요 없다. 그런데 함께 사는 한 정치에서 자유로울 수 없고, 정치에 대한 관심과 참여는 의무이자 권리이다. 대표적인 공동주택인 아파트에 살면 매달 나오는 아파트

관리비에 공동관리비나 (장기적으로 아파트의 주요 시설의 교체 및 보수에 필요한 비용인) 장기수선충당금 등이 포함되어 있고, 공동생활을 원활히 하기 위해 동대표를 선출해 아파트에서 발생하는 공동 문제를 풀어가지 않는가.

1인 1표의 민주주의 원리에 기초한 정치 영역이 없으면 인간 사회는 어떻게 될까? 주식회사가 1주 1표 원리에 의해 운영되듯이 1원 1표 원리에 기초한 시장 영역은 돈의 힘이 지배하는 공간이다. 교수 신분인 필자와 수업을 듣는 학생들 사이에는 은행 돈에 대한 접근 기회나 돈의 이용 비용 등에서 큰 차이가 존재한다. 삼성 등 재벌기업과 대부분 중소기업 사이에도 이는 마찬가지이다. 돈이 많을수록 돈을 값싸게 이용할 수 있기에 돈을 축적할 가능성이 크다. 즉 기본적으로 (돈의 힘이 지배하는) 시장은 불공정한 게임이 작동하는 영역이기에, 인간 세상에 시장(의 원리)만 작동하면 필연적으로 빈익빈 부익부의 세상, 이른바 약육강식의 힘이 지배하는 정글이 될 수밖에 없다. 궁극적으로는 '지배-예속' 관계 및 신분 세습의 도래도 불가피하다.

그러나 인간은 자유의지를 가졌기에 인류와 정의 등에 반하는 사회질서에 저항하고, 그 결과 사회질서는 끊임없이 인류와 정의에 부합하는 방향으로 진화했다. 그래서 오늘날 정치를 민주주의 원리로, 그리고 경제를 시장 원리로 운용하는 단계에까지 온 것이다. 근현대 자본주의 사회질서가 오랜 생명력을 유지하는 이유도 민주주의와 시장이 상호 견제하도록 절묘하게 설계돼 있기 때문이다. 빈익빈 부익부를 초래할 수밖에 없는, 돈의 힘이 지배하는 시장 원리는 (목소리를 함께 낼 수만 있다면) 다수를 구성하는 사회경제적 약자층의 목소리가 반영될 수밖에 없는 민주주의 원리에 의해 통제될 수 있기 때문이다.

현대 사회의 사회적 생산물은 화폐가치로 재구성되는 화폐경제의 사회이기에, 사회적 생산물의 배분을 둘러싼 사회 구성원의 관심은 돈의 배분에 집중될 수밖에 없다. 즉 오늘날 시대에서 돈은 권력 그 자체이다. 그리고 돈은 시장에 의한 배분과 민주주의에 의한 배분으로 구성된다는 점에서 시장 권력과 민주주의 권력은 끝없이 긴장 관계를 형성한다. "돈의 힘을 통제하지 못할 때 민주주의가 존재하기 어렵다"는 명제는 이렇게 만들어진 것이다. 1980년대 이래 (금융의 가치와 관점으로 사회를 재구성한) 이른바 '금융화Financialization'로 인해 민주주의가 전 세계적으로 위협받는 배경이다. 나아가 민주주의의 위기에서 그치지 않고 사회 공동체의 존립 자체가 위기에 처한 이유이기도 하다.

대영제국의
힘의 원천

19세기는 이른바 대영제국의 시대였다. 그런데 19세기 대영제국은 우연히 등장한 것이 아니었다. 영국이 패권을 장악하는 과정에 대해 역사가들은, "유럽에서 왕권이 가장 취약한 절대왕정이 가장 강한 국가가 되었다"는 역설을 이야기하곤 한다. 영국이 가장 강한 국가가 되기 위해서는 과거에서 벗어나 미래를 열 수 있는 새로운 창조물들이 필요했다. 오늘날 미국의 최대 경쟁력이 군사력이고, 그 군사력을 가능케 한 것이 경제력이고, 경제력을 상징하는 것이 바로 달러를 찍어낼 수 있는 힘이듯이, 영국 군사력은 영국 경제력으로 가능했고, 그 경제력은 (우리가 산업혁명이라 부르는) 기술혁신으로 가능했다. 그런데 그 기술혁신을 가능케 한 것은 근현대 세계라는 새로운 세상을 연 사회혁신이었다. 민주주의와 (중앙은행 시스템과 사실상 동의어인) 불환화폐 시스템, 그리고 유한책임 회사 등으로 구체화되는 사회혁신은 신천지를 연 영국의 창조물들이었다.

유럽의 봉건주의는 (군사력 등) 경제외적 권력이 경제력을 결정하는 시대였다. 경제외적 권력이 경제력의 크기를 결정했고, 경제력은 다시 군사력을 뒷받침하는 토대로 경제외적 권력의 크기를 결정했다. 귀족 간 전쟁들은 바로 경제외적 권력을 확장하려는 경쟁의 산물이었고, (권력이 집중된) 절대왕정으로 이어졌다. 그러나 절대왕정의 성격은 국가마다 차이가 있었고, 그것은 귀족이나 도시의 신흥 상공업자(부르주아Bourgeois) 등 여러 세력 간 역학관계의 산물이었다.

흔히 영국의 절대왕정은 대륙의 절대왕정에 비해 '취약성'이 그 특징으로 알려져 있다. 왕권이 취약한 영국 절대왕정을 상징하는 역사적 사건은 우리가 잘 아는 '마그나 카르타Magna Carta' 혹은 '대헌장The Great Charter of Freedoms'이다. 그런데 왕의 절대권력에 제한을 걸기 시작한 마그나 카르타는 필연적으로 "의회의 승인 없이 과세할 수 없다"거나 혹은 "자유인은 같은 신분을 가진 사람에 의한 재판이나 국법에 의하지 않으면 체포·감금할 수 없다"는 권력의 분산과 자유의 확대 등, 이른바 우리가 알고 있는 '권리장전Bill of Rights'으로 이어졌다. 국왕이 의회의 의결을 거치지 않고 징병, 징세, 법률의 제정 및 폐지 등을 할 수 없게 되었다는 것은 바로 절대왕정 국왕 권력의 취약성을 보여줄 뿐 아니라 권력의 분산이 핵심 가치인 민주주의가 태동했음을 보여준다. 사회 안정을 위해 대내적 공존의 틀을 만든 것이다. 이 틀은 나아가 사회 전체의 공동 번영을 위한, 근대 세계의 대외적 안보의 기준이 된다. 즉 절대왕정은 결코 권력 경쟁의 끝이 될 수 없었다. 필연적으로 국가(절대왕정) 간 패권 경쟁으로 이어졌다.

절대왕정과 당시 새로 부상하는 도시의 신흥 상공업자는 대외 팽창 및 식민지 개척에서 공통의 이해를 가졌다. 지하자원과 농산물 등의 착취로 국가 및 부르주아의 부의 축적을 달성할 수 있었기 때문이다. 이때부터 서양 사회에서는 '자국 이익 중심주의'라는 대외안보의 철칙이 확립되었다. 대내적으로는 계급 간 이해 갈등을 보이지만, 대외적인 국가 이익을 위해서는 보수와 진보, 학계와 비즈니스계, 언론 등 모든 분야의 엘리트들이 같은 목소리를 내는 배경이다. 이 부분이 (사적 이득을 위해서는 국가조차 수단으로 간주하는 이른바 매판성을 갖는) 대한민국의 '자칭 보수집단'과의 차이점이다.

대외적 국가 이익을 추구하기 위해서는 강한 군사력은 필수조건이었고, 국가 군사력 강화를 위한 국가 경제력 강화 역시 공동 목표가 되었다. 당시 군사력의 핵심은 함선의 구축이었다. 영국이 프랑스와의 경쟁에서 승리하기 위해서 절대적으로 필요한 것이 해군 함선의 구축이었다. 이를 위해 함선 구축에 필요한 재원(전쟁자금) 조달 문제, 이른바 새로운 금융의 뒷받침이 필요했다. 오늘날 영국 중앙은행의 뿌리인 영란은행Bank of England은 이런 배경에서 탄생했다.

이처럼 대영제국의 힘은 (사회 구성원 간 협력을 통해 사회 공동의 문제를 해결하는) '사회 역량'을 극대화하는 데 절대적 역할을 한 민주주의라는 사회혁신이 있었기에 가능했다.

불환화폐 탄생과
유한책임 회사

금으로 교환되지 않는 지폐(신용화폐)인 불환화폐의 탄생 없이 영국의 산업혁명은 물론이거니와 현대 사회가 이룩한 경제력은 설명할 수가 없다. 중앙은행 시스템이 등장하기 이전의 모든 화폐는 금과 은 등 실물화폐이거나 종이화폐를 사용하더라도 금으로의 교환이 보장되어야 유통이 가능했다. 즉, 중앙은행 시스템이 발명되기 전 모든 지폐는 실물가치로 교환되는 태환화폐였다.

오늘날 사람들은 중앙은행권을 믿고 자연스럽게 사용하지만, 중앙은행권은 고도의 정치적 인공물이었다. 먼저, 영국의 중앙은행인 영란은행이 설립된 것이 1694년이었다. 그 이전에는 은행이 없었는가? 있었다. 금세공업자Goldsmith들이 초기 은행의 역할을 했다. 영국 밖으로 눈을 돌리면 도시와 상업이 번영했던 이탈리아에서는 이미 1397년에 메디치 가문에 의해 메디치은행 Medici Bank이 만들어졌다. 미국에서도 오늘날 미국의 중앙은행으로 알려진 연준Fed이 1913년 12월에 설립되었다. 그런데 미국의 첫 번째 상업은행인 북미은행Bank of North America은 1782년에 문을 열었다.

오늘날 은행처럼 다양한 금융서비스를 제공한 것은 아니지만 초기의 많은 은행은 자신의 은행권(은행 화폐)을 발행했다. 초기의 은행권은, 요즘 청년 세대들에게는 낯설겠지만, 우리나라 시중은행들이 발행하는 자기앞수표를 생각하면 된다. 신한은행 자기앞수표는 신한은행권, 국민은행 자기앞수표는 국민은행권에 해당하는 것이다. 초기 은행들의 은행권과 차이가 있다면 초기 은행권은 은행이 보유한 금으로 교환해줌으로써 가치가 보증되었다면, 오늘날 은행권은 중앙은행이 발행하는 법정화폐로의 교환으로 가치를 보증한다는 점이다. 즉 과거의 은행권은 태환화폐였다면 오늘날 은행권은 불환화폐인 셈이다.

은행은 '돈놀이'하는 사업체이다. 그런데 초기 은행들은 금 보유량에 의해 돈놀이의 규모가 기본적으로 제한될 수밖에 없었다. 그 결과 시중에 유통되는 돈의 양도 제한될 수밖에 없었다. 오늘날처럼 화폐를 발행할 수 있는 권한(발권력)을 가진 중앙은행이 통화공급량을 늘릴 수 있는 것과는 큰 차이가 존재한다. 당연히 경제활동 역시 제한될 수밖에 없다. 따라서 당시 은행은 보유한 금의 보유량에 의해 제한받는, 돈의 공급 제약에서 벗어나고 싶은 욕망이 있었다. 이 문제를 해결할 수 있는, 경제력을 가진 힘이 필요했다.

당시 경제력이 가장 큰 존재는 가장 큰 정치권력을 가진 절대왕정의 왕이었다. 왕의 가장 큰 경제력은 (농민과 상공업자 등에 대한) 세금 징수권에서 나왔다. 은행자본은 이 점에 주목했다. 왕에게 납부하는 세금을 자신이 발행하는 은행권으로만 납부하게 한다면 비록 금으로 바꾸어주지 않아도 은행권에 대한 수요가 창출되고 유통될 수 있기 때문이다. 왕으로부터 이러한 특혜를 얻어내기 위해서 런던의 은행자본들은 당시 절대군주의 가장 큰 고민거리인 전쟁비용 지원을 제안한다. 당시 패권을 놓고 프랑스와 경쟁을 하고 있던 영국 왕은 해군 전함을 구축하기 위해 120만 파운드의 자금조달이 필요했다. 그런데 신용 결여로 그렇게 큰 자금을 조달하는 것은 쉽지 않았다. 당시 유럽의 왕들은 전쟁자금을 차입했다가 상환에 실패하면서 종종 파산하곤 했다.

은행자본들은 영국 절대군주인 공동 왕 윌리엄William과 메리Mary 여왕에게 원금을 상환할 필요가 없는 자금을 연 8%의 이자를 받고 빌려주겠다고 제안한다. 그리고 반대급부로 자기 은행권으로만 세금을 납부할 수 있게 요청했다. 이 제안에 왕은 매우 솔깃할 수밖에 없었다. 추가로 영국 왕은 은행자본들이 설립하는 영란은행에 유일하게 유한책임을 갖는 법인The only limited-liability corporation 자격을 허용했다.

유한책임은 사실 엄청난 특혜이다. 개인 사업체가 사업을 하면서 타인이나 은행 등으로부터 자금을 차입하는 경우가 발생한다. 그런데 불행하게 사업이 파산하더라도 차입금의 상환 의무는 없어지지 않는다. 그러나 법인의 주주들은 법인이 파산할 때

법인이 가진 채무에 대해 책임이 없다. 자신이 소유한 주식만 종 잇조각이 될 뿐이다. 채무는 법인에게 귀속되기 때문이다.

이러한 특혜를 가진 은행에 많은 투자자들은 매력을 느꼈다. 그 결과 은행자본은 영구자금을 조달하기 위한 주식을 발행할 수 있었다. 주식은 상환 의무가 없는 영구자본이기 때문이다. 즉 유한책임과 금으로 교환해줄 필요가 없는 화폐 발행이라는 두 가지 특혜를 가진 영란은행에 투자금은 쇄도했고, 은행자본은 왕에게 약속한 (원금을 영구히 사용할 수 있는) 전쟁자금을 지원할 수 있었다. 불환화폐의 등장으로 화폐 공급량과 유통량은 폭발적으로 증가했고, 이에 더해 투자 위험 일부를 줄여준 유한책임 제도는 공격적인, 오늘날식으로 표현하면 벤처투자를 활성화시켜 산업혁명을 가능케 했다.

그런데 불환화폐(신용화폐)라는 (중앙)은행권은 금 대신 정부가 가치를 보증하는 화폐(채권)이다. 왕이나 오늘날의 대통령 등이 아닌 정부의 경제력이 보증하는 것이다. 국가가 없어지지 않는 한 정부는 마르지 않는 샘에 해당하는 조세권이라는 경제력을 갖고 있기 때문이다. 즉 금 대신 사회 전체 생산물 중 사회몫에 해당하는 생산물이 금의 역할을 대체한 것이다. 국민이 함께 만든 생산물로 불환화폐의 가치를 보증하여 (자신이 보유한 금의 양에 의해 제한되었던) 은행에게 돈놀이의 장애물을 제거해주었기에 (당시 공동 왕은 자신이 허가해준) 영란은행의 설립 목표를 '공공선과 인민의 이익The public Good and benefit of our People 촉진'으로 설정한 것이다.

이처럼 불환화폐의 가치가 사회 구성원 모두가 함께 만들어낸 생산 중 사회몫으로 뒷받침된다는 점에서 사회 구성원 모두는 (생계에 필요한 최소소득을 사회소득으로 배분받을 권리가 있듯이) 최소한의 신용 이용에 대한 기본권리를 갖는다. 이재명 더불어민주당 대표가 주장하는 '기본금융' 개념은 여기서 비롯한 것이다. 모든 국민은 세금을 납부하기 때문이다. 국민이 모두 함께 불환화폐 가치를 보증했기에 불환화폐의 혜택인 이른바 '사회금융' 혹은 '공공금융'을 누릴 권리를 갖는 것이다.

자신이 가치를 보증한 화폐를 가지고 은행은 돈놀이에 날개를 달았는데, 정작 자신은 가치만 보증하고 권리는 누리지 못한다면 이는 얼마나 불공평한 일인가. 무엇보다 불환화폐 도입으로 시중은행들이 얼마나 큰 혜택을 입고 있는가를 상상해보라. 우리나라 은행법 제1조(목적)에서 은행은 "금융시장의 안정과 국민경제의 발전에 이바지함을 목적으로" 정부에 의해 영업 인가를 받은 기업임을 규정하고 있는 배경이다. 화폐 업무가 한국은행이 아니라 기획재정부(기재부)의 몫인 배경이다. 그런데 현실을 보면 은행 신용을 이용하지 못하는 많은 국민이 이를 자기가 못나, 즉 신용등급이 낮아 어쩔 수 없는 것으로 생각하고 있다. 은행 등 금융 자본의 논리에 세뇌당한 결과이다.

'공공금융Public finance'이 (조세 수입에 기반한 정부 살림을 의미하는) '재정'이라는 개념으로 축소된 이유도 같은 맥락이다. 공공금융이 재정으로 축소된 것은 국민이 민간금융에 의존할 수밖에 없게 된다는 점에서 금융 자본 이해의 산물이다. 즉 세상을 금융의 논리로 재구성한 '금융화'의 결과물이다. 근본적으로는 민주주의가 금융 자본에 의해 잠식된 결과이다. 오늘날 자산 불평등이 갈수록 심화하는 이유도 여기에 있다.

은행시스템의 잘못된 설계는 기본적으로 정치의 실패이자 민주주의가 작동하지 않은 결과이다. 그리고 불평등의 증가는 다시 민주주의 체제의 사회적 구조를 위협하고 세금을 통한 전통적 형태의 재분배조차 망가뜨린다.[1] 자산에 대한 세금을 회피하는 것은 자산을 축적하려는 자산가들의 기본 욕망이기 때문이다. 산업자본보다 (불로소득 성격이 강한) 금융 자본이 세금에 대한 거부가 심한 배경이다.

이처럼 중앙은행과 시중은행으로 구성되는 은행시스템은 기본적으로 공공금융의 성격을 갖는다. 최소한의 사회소득에 대한 기본권리와 더불어 최소한의 사회금융에 대한 기본권리 모두 정치와 민주주의의 문제이다. 모든 국민에게 사회몫의 형태로 배분되는 돈은 정치의 산물이고, 개인몫으로 배분되는 돈은 시장(경제)의 산물이라는 점에서 정치와 경제는 불가분의 관계를 맺는다.

그렇다면 누가 정치를 외면하거나 경제와 분리하여 사고하길 원하는지 알 것이다. 정치 영역을 최소화한다는 것은 사회몫, 즉

---

1 Katharina Pistor, *The Code of Capital: How the Law Creates Wealth and Inequality*, Princeton University Press, 2019.

사회소득과 사회금융에 대한 국민의 권리를 최소화하려는 것이고, 사회몫을 축소할수록 (돈의 힘이 지배하는) 개인몫이 커지기 때문이다. 뒤에서 다시 언급하겠지만, 금융화 이후 정부나 정치, 특히 관료주의에 대한 부정적 이미지에 기초한 '재정 지출 최소주의'가 하나의 이데올로기가 된 배경이다.

재정 지출 최소주의란 필연적으로 감세를 수반할 수밖에 없고, 감세의 혜택은 세금 부담이 큰 부유층에게 집중된다. 또한, 재정 지출 최소주의는 (돈이 되지 않는) 공공서비스의 축소로 이어질 수밖에 없고, 그 피해는 서민에게 귀착된다. 공공서비스의 생산과 공급 과정 중 돈이 되는 부문만 민간에게 넘기고, (공공서비스 요금 부담을 분산하거나 최소화하는 과정에서 불가피하게 발생하는) 부채를 축소한다는 핑계로 공공기관의 자산 매각을 추진한다. 생계 자체가 어려운 최소한의 국민에게만 지원하고, 다수의 저소득층과 중산층에게는 공공서비스 요금 부담이 증가할 수밖에 없다. (2021년 기준 소득활동자 80%의 세후 월소득이 444만 원도 되지 않는 상황을 고려하면) 한국 사회에서 대다수 국민의 부담은 증가할 수밖에 없다. 그리고 자산 매각은 자본과 모피아 등의 뱃속을 채워줄 것이다.

정부 채무(원금)는
상환하지 않아도 된다?

　우리나라 국민 중 다음 두 기사를 이해하는 이가 얼마나 될까? 심지어 대다수 경제 전문가도 마찬가지이다. 많은 국민은 경제학 교수이고 박사이면 경제 문제에 대해서는 모르는 것이 없다고 생각할 것이다. 그런데 자기 전공 영역을 벗어나면 잘 모르는 경우가 허다하다. 아래 두 기사에 소개된 폴 크루그먼Paul Krugman이나 아베 신조가 한 이야기를 필자가 한국에서 했다면 어떤 일이 일어날까? 십중팔구의 경우 "최배근 교수는 포퓰리스트"라고 비난할 것이다. 그런데 크루그먼의 〈뉴욕타임스〉 칼럼에 대해 비판하는 국내 경제 전문가를 본 적이 없다. 평소 국가 재정건전성을 매우(?) 걱정하는 국내 언론이나 전경련(현 한국경제인협회) 산하의 경제연구원, 그리고 이들과 소통을 잘하는(?) 국내 경제학자들의 침묵이 이해되지 않는다.

　필자는, 이미 고인이 되었지만, 아베를 좋아하지 않는다. 아니 경멸한다. 2019년 7월 한국에 대한 (반도체 관련 핵심 부품 및 소재 등에 대한) 수출을 규제할 때 아베의 조치는 국제사회의 지지를 받지 못할 뿐 아니라 경제 이론적으로도 실패할 것이라고 주장하며 '노 아베(No Abe)!'의 선봉(?)에서 싸운 인연 때문만은 아니다. 아베를 비롯해 일본 극우 정치인들은 일본의 내부 문제(잃어버린 30년)를 한반도에 불행을 만들어 해결하려 하기 때문이다. 다른 국가에 고통을 주고 피해를 입혀 자기 문제를 해결하려고 하는 일본 극우 정치가들은 정치 폭력배에 불과하기 때문이다. 크루그먼이 노벨상을 받은 미국 경제학자라서 감히(?) 반박하지 못한다면 그것은 비겁하다. 주장이 잘못됐다고 생각하면서도 노벨경제학상 수상자라 비판하지 못하는 것은 지적 열등감이기 때문이다.

사실 여기서 언급할 필요는 없지만 크루그먼은 한국 사회에서 과잉 평가를 받는 경제학자이다. 그가 유명세를 타기 시작한 것은 〈포린 어페어즈Foreign Affairs〉의 1994년 11/12월호에 실린 글 '아시아 기적의 환상The Myth of Asia's Miracle'에서 시작되었다. 이 글은 세계은행이 1993년 출간한 보고서 〈동아시아의 기적The East Asian Miracle〉을 비판적으로 평가하기 위해 쓰였다. 세계은행은 1965~1990년 사이에 1세대 일본, 2세대 한국과 대만과 싱가포르와 홍콩, 3세대 말레이시아와 인도네시아와 태국 등 동아시아 국가들이 (경제성장 초기 단계에서는 소득분배가 악화한 영국이나 미국 등과 달리) 빠른 경제성장과 더불어 동시에 소득분배도 개선한 점을, 이른바 '공유된 성장Shared growth'을 높이 평가했다. 그러나 크루그먼은 일본과 달리 '아시아의 네 마리 호랑이'라는 별칭이 붙은 한국과 대만과 싱가포르와 홍콩의 경제성장 방식은 생산성의 개선을 수반하지 않아 초기의 높은 성장이 지속되지 못하고 정체한 구소련의 스탈린 방식과 차이가 없고, 결국 성장의 정체에 직면할 것이라 주장했다. 우연히 그로부터 3년 후 동아시아 국가들이 외환위기를 겪으면서 크루그먼은 예언자의 지위(?)에 오른다.

그러나 크루그먼의 글은 자료를 자의적으로 선택해 자신의 주장을 정당화한 최악의 주장이었다. 예를 들어, '아시아의 네 마리 호랑이'는 생산성의 개선이 없다는 주장의 근거로 그가 인용한 논문(Awlyn Young, "The Tyranny of Numbers," 1994)을 보면, 생산성 개선이 확인되지 않은 국가는 싱가포르뿐이고 나머지 세 나라는 일본 및 서방 선진국의 생산성 증가율과 차이가 없었다. 그런데 크루그먼은 세 나라는 제외하고 싱가포르의 생산성 증가율만 인용하여 자신의 주장에 꿰맞추었다.

문제는 크루그먼이 신랄하게 비난했던 싱가포르는 동아시아 외환위기 이후에도 네 마리 호랑이 중 가장 훌륭한 경제 성과를 만들었다는 점이다. 1994~2022년 연평균 (실질) 성장률을 보면 미국이 2.4%였고, 싱가포르는 4.9%였다, 그 결과 1인당 GDP(미 달러 기준)에서 미국은 1994년 2만 7,660달러에서 2022년 7만 7,272달러로 증가한 반면, 싱가포르는 1994년 3만 2,921달러에서 2022년에는 8만 2,794달러로 증가했다.

이처럼 1994년 크루그먼의 글은 비록 학술적인 글이 아니었다 하더라도 전문가라면 하지 말아야 할 아주 나쁜 글쓰기였다.

그런데 한국 언론들이 그를 (한국 지식인들의 방관 속에) 예언가로 둔 갑시켰다. 당시 필자의 목소리는 자국 지식인의 목소리에 관심을 두지 않는 경향이 심한 한국 지식인 사회의 분위기와 더불어 교수가 된 지 얼마 되지 않은 초짜(?) 교수라 관심을 끌지 못했다. 그 래서 (증거를 남기기 위해) 필자의 저서들에 그 평가를 남겨두었다.

지금까지의 이야기는, 사실 아래 기사들과는 무관한 이야기 이다. 개인적인 경험을 쏟아낸 이유는, 아베나 크루그먼 모두 필 자가 좋은 인상을 갖고 있지 않은 사람들임을 말하고 싶었기 때 문이다. 그럼에도 불구하고 크루그먼이나 아베의 아래 주장들은 틀린 이야기가 아니라는 것이다.

> [2023년 5월] 23일(현지시간) 비즈니스인사이더에 따르면 크루그먼은 최근 뉴욕타임스(NYT) 칼럼을 통해 "개인과 달 리 정부는 죽지 않고, 세대가 지날수록 매출(세수)이 늘어난 다"며 이같이 말했다. 그는 "정부는 부채의 이자를 갚고, 만 기가 돌아오면 새로운 채권을 발행해 원금을 갚는 '서비스' 는 해야 하지만, 그것이 원금을 갚는 것과는 다른 의미"라고 말했다. 부채를 갚고, 부채 규모를 줄여나가기보다는 전체 적인 부채 규모가 세수에 비해 너무 빨리 늘어나지 않도록 조절하기만 하면 된다는 게 그의 생각이다.(《연합인포맥스》, 폴 크루그먼 "美정부, 31조 달러 부채 갚지 않아도 된다", 2023년 5월 23일자 기사에서 재인용)

[2022년 5월] 10일 지지통신에 따르면 아베 전 총리는 전날 오이타시에서 가진 모임에서 일본은행이 채권시장에서 일본 정부 국채를 매입하는 것을 언급하며 이같이 발언했다. 그는 "일본의 국가 부채 1,000조 엔의 절반은 일본은행이 사 주고 있다"며 "일본은행은 정부의 자회사이므로 (부채) 만기가 오더라도 상환하지 않고 차환하면 된다"고 말했다. 그러면서 "걱정할 필요가 없다"고 덧붙였다.(〈한국일보〉, 아베 "일본은행은 정부 자회사…1,000조 엔 나라 빚 안 갚아도 돼", 2022년 5월 10일자 기사에서 재인용)

정부의 부채를 상환하지 않아도 된다는 말은 민간 부채와 달리 차환이 가능하기 때문이다. 이것이 가능한 이유는 중앙은행은 (영란은행 설립 목적에 규정했듯이) 정부의 금고 역할을 위해 만들어졌기 때문이다. 이는 중앙은행의 뿌리로 불리는 영란은행이 "정부의 자금 담당 역할을 하는 민간은행"으로 성격이 규정된 데서 확인된다. 아베가 일본의 중앙은행인 일본은행을 정부 자회사로 부른 이유이다. 앞에서 보았듯이 중앙은행의 핵심 권한인 발권력이 정부 경제력에 기초한 것이기에 정부 없는 중앙은행은 상상할 수 없다.

우리나라 국민이 모르는 사실이 있다. 쉽게 열람할 수 있는 한국은행법을 보면 (모든 공공기관이 그렇듯이) 제1장 총칙이 시작하기 전에 해당 기관을 관할하는 상위 정부조직이 표기된다. 한국은행법에는 '기획재정부(거시정책과)'가 표기되어 있고 해당 기관의 전화번호(044-215-2831)도 옆에 기재되어 있다. 이것은 정부조직법 가운데 행정각부의 역할을 규정한 제4장의 (기획재정부 역할을 규정한) 27조 ①항에서 화폐에 관한 사무를 기획재정부가 갖고 있음을 규정하고 있기 때문이다. ("① 기획재정부장관은 중장기 국가발전 전략수립, 경제·재정정책의 수립·총괄·조정, 예산·기금의 편성·집행·성과관리, **화폐**·외환·국고·정부회계·내국세제·관세·국제금융, 공공기관 관리, 경제협력·국유재산·민간투자 및 국가채무**에 관한 사무를 관장한다.**") 즉 화폐 발행의 원천적 권한은 중앙은행이 아니라 정부라는 이야기이다.

이는 앞에서 소개한 영란은행의 탄생 과정을 보면 쉽게 이해할 수 있다. 게다가 한국은행법 제5절은 정부 및 정부대행기관과의 업무를 설정하고 있는데 정부와의 업무를 72조부터 75조까지 규정하고 있다. 그런데 정부에 대해 돈을 빌려주는 업무를 규정한 **제75조**(대정부 여신 등)의 ①항에서 **"한국은행은 정부에 대하여 당좌대출 또는 그 밖의 형식의 여신을 할 수 있으며, 정부로부터 국채를 직접 인수할 수 있다"**고 규정하고 있고, ③항에서 "제1항에 따른 여신에 대한 **이율이나 그 밖의 조건은 금융통화위원회가 정한다**"고 되어 있다. 즉 한국은행은 정부가 원하는 어떠한 방식으로든 돈을 빌려줄 수 있게 되어 있다.

이러한 규정은 세계 모든 중앙은행의 공통 요소이다. 영란은행이 정부의 자금 담당 역할을 하는 은행으로 규정된 전통의 유산이다. 게다가 이자율 등도 사실상 정부 의사에 따라 결정될 수 있다. 금융통화위원들은 한국은행이 입을 손실에 대해 그 책임을 자신들에게 묻지 않고 정부가 지는 한 정부 요구를 수용할 수 있기 때문이다. 한국은행을 포함 중앙은행은 이익을 내면 최소한을 적립해 국고에 귀속하고, 손실을 보면 정부 재정으로 메우기 때문이다. 이 정도면 중앙은행이 '정부의 자회사'라는 아베의 표현이 그리 심한 이야기는 아니다.

(때로는 정부를 운영하는 정치인들에 대한 불신으로) 중앙은행의 독립성을 과도하게 내세우는 사람들 중 많은 이들은 금융 자본의 논리에 세뇌된 경우이다. 중앙은행의 독립성은 국민이 부여한 임무(예: 물가안정)를 정치적 잣대에 휘둘리지 말고 수행하라는 정도의 의미이다. 한국은행법 제3조에서 (한국은행의 중립성과 관련해) "한국은행의 통화신용정책은 중립적으로 수립되고 자율적으로 집행되도록 하여야 하며, 한국은행의 자주성은 존중되어야 한다"고 규정한 것도 통화신용정책의 목적(예: 물가안정)을 정치집단의 이해관계에 휘둘리지 말라는 의미 정도이다. 그럼에도 제4조 (정부 정책과의 조화 등) ①항에서 "한국은행의 통화신용정책은 물가안정을 해치지 아니하는 범위에서 정부의 경제정책과 조화를 이룰 수 있도록 하여야 한다"며 (공공선과 국민 이익의 촉진을 위한) 정부 은행으로서의 역할도 규정하고 있는 배경이다.

정부와 중앙은행의 이러한 관계를 이해하면 정부 부채가 만기가 돌아와도 원금은 새로 발행하는 국채로 차환할 수 있음을 쉽게 이해할 수 있을 것이다. 크루그먼이나 아베가 같은 내용의 말을 한 이유이다. 정부 부채와 민간 부채의 차이가 여기에서 비롯한다. 정부 부채의 특성은 한국은행의 발권력이 기본적으로 정부가 부여한 권한이라는 사실에서 연유한다. 물론, 원금을 상환할 필요는 없지만 정부 부채에 대한 이자는 지급해야만 한다. 이자 지급을 정부 재정이 감당할 수 있느냐의 문제이다. 따라서 자금조달 비용인 이자율에 영향을 받는다.

예를 들어, 세계에서 정부 부채가 가장 많은 일본의 경우 (일본 재무부가 2023년 4월 발표한 '일본재정자료표Japanese Public Finance Fact Sheet' 에 포함된 〈그림 1〉에 따르면) 1990회계년도의 일본 정부가 상환해야 할 국채 규모는 166조 엔이고 이자 부담액은 10.8조 엔이었다. 2010회계년도에는 각각 636조 엔과 7.9조 엔이었다. 그리고 2022회계년도에는 각각 1,043조 엔과 7.3조 엔으로 정부 부채는 급증했는데 이자 부담액은 오히려 줄어들었다. 1990년과 2022년 사이에 정부가 상환해야 할 국채 규모는 877조 엔이나 증가했는데 이자 부담액은 오히려 3.5조 엔이 줄어든 것이다. 국채 평균 조달 금리가 6.1%에서 0.8%로 하락했기 때문이다. (IMF 〈글로벌 부채 보고서Global Debt Monitor〉에 따르면) 2022년 기준 일본의 중앙정부 부채가 214.27%로 전 세계에서 가장 높은 규모임에도 불구하고 견디는 이유 중 하나는, 일부 사람들이 생각하듯이 엔화가 준기축통화라서가 아니라 국채에 대한 이자 부담이 오히려 줄어들어 재정 부담이 줄었기 때문이다. 다른 한편, 이는 일본이 인플레이션(인플레)과 엔저 속에서도 금리를 인상하지 못하는, 즉 통화정책

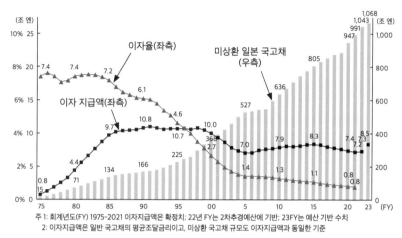

〈그림 1〉 일본 정부 채무에 대한 이자지급액과 이자율 추이

주 1: 회계년도(FY) 1975-2021 이자지급액은 확정치; 22년 FY는 2차추경예산에 기반; 23FY는 예산 기반 수치
2: 이자지급액은 일반 국고채의 평균조달금리이고, 미상환 국고채 규모도 이자지급액과 동일한 기준

출처: Ministry of Finance, Japanese Public Finance Fact Sheet, April 2023.

의 정상화를 하지 못하는 이유이기도 하다. 그런데 2023회계연도(23.4~24.3) 중 상환해야 할 국채 규모는 1,068조 엔으로 전년도에 비해 25조 엔 정도 증가했는데 이자 부담액은 8.5조 엔으로 1.2조 엔이나 증가할 것으로 예상한다. 장기 시장금리의 기준으로 삼는 10년물 국채 수익률의 변동폭 확대를 2022년 12월부터 단행하면서 이자 부담액의 증가를 반영한 것이다.

한편, 한국은 어떨까? 〈그림 2〉에서 보듯이, 2011~2021년의 10년간 국고채 발행 잔액은 340.1조 원에서 843.7조 원으로 약 2.5배가 증가했다. 그런데 그에 대한 이자 부담액은 13.5조 원에서 15.1조 원으로 12%도 증가하지 않았다. 일본처럼 초저금리는 아니지만 한국도 조달금리가 낮아진 것은 마찬가지이다. 세

<그림 2> 한국의 국고채 규모와 이자 부담액

출처: 기재부, 〈월간 재정동향〉.

계적 인플레와 금리 인상에 따라 조달금리가 다시 3%대로 올라간 2022년의 경우 국고채에 대한 이자 부담액이 약 30조 원으로 2021년에 비해 약 2배로 증가했다. 이처럼 정부 재정의 지속 가능성은 정부 채무의 절대 규모보다 이자율에 의해 영향을 크게 받는다.

　물론 미국을 제외한 나머지 나라들은 외국자본의 갑작스러운 유출에 따른 충격도 고려해야만 한다. 국고채를 매각하고 철수할 때 환율 급등을 포함한 외환시장이 충격을 받을 수 있기 때문이다. 2023년 12월 기준 외국인은 219.5조 원 규모의 국고채를 보유하고 있다. '1달러=1,300원'을 기준으로 할 때 약 1,688억 달러 규모에 해당한다. 참고로 일본은 2022년 12월 말 기준 외국인이 약 165.3조 엔 규모의 일본 국채를 보유하고 있다. 이는 '1달러

=140엔'을 기준으로 할 때 약 1조 1,800억 달러 규모에 해당한다. 2023년 12월 기준 한국의 외환보유액은 약 4,201억 달러, 일본의 외환보유액은 1조 2,950억 달러 정도이니 한국이 상대적으로 더 여유가 있다고 할 수 있다. 일본이 엔화 하락을 막으려면 달러를 매각하여 엔화를 사들여야 하는데 외환보유액 사정으로 달러를 적극적으로 시장에 풀기 어렵다. 금리도 인상하기 어려운 상황에서 달러 투입도 어렵다 보니 엔화 가치를 방어하기 어려운 것이다.

이처럼 정부 채무는 기본적으로 이자를 상환할 수 있으면 지속 가능하다. 이자 지급액은 세금 등 정부 수입에 달려 있고, 정부 수입은 조세율이 변하지 않을 경우 경제성장률에 크게 의존하기에 정부 채무의 지속 가능성을 따질 때 정부의 자금조달 금리(국채 발행 이자율)와 성장률을 비교하는 이유이다. 물론, 외국인의 갑작스러운 자금 유출을 대비해 외국인 보유 규모를 고려한 외환 방어벽이 필요하다. 이런 점에서 크루그먼이나 아베 등이 정부 채무의 원금을 상환하지 않아도 된다고 한 이유는 맞는 말이다. 이는 영란은행 설립 과정에서 보듯이 중앙은행의 설립 이유가 정부 재정 공급을 위한 것이기 때문이다. 중앙은행이 어떻게 해서 등장했고, 그 존재 이유가 무엇인지를 보여준다.

1원 1표와
1인 1표는 쌍생아

　사회적 동물인 인간이 함께 살아가는 사회는 태생적으로 정치
와 경제 양축에 기초한다. 인간 사회의 현대적 단계인 현대 자본
주의는 '1원 1표'라는 돈의 힘(경제력)이 지배하는 시장경제와 (경
제적 약자가 연대만 하면 정치적 힘을 만들어낼 수 있는) '1인 1표' 원리에
기초한 민주주의가 공진화해온 결과이다. 돈의 힘이 지배하는
사회에서 경제적 약자는 희생자가 될 가능성이 크다. 앞에서 기
술했듯이, 돈의 힘이 지배하는 시장은 기본적으로 불공정 게임
의 장場이기 때문이다. 그 결과 경제력은 대물림의 가능성이 크
고 반대편에 있는 경제적 약자 또한 대물림의 가능성이 크다. 사
실상 세습사회로 돌아갈 가능성이 크다. 신분의 사실상 세습화
는 특권의 존재를 의미하고, 이는 '법 앞의 평등'을 내세우는 민
주주의와 정면으로 충돌한다.

　이처럼 상반된 목표를 추구하는 1원 1표 원리와 1인 1표 원리
가 같은 사회에 양립한다는 것이 이상하지 않은가? 그러나 이상

해할 것이 없다. 생명을 갖는 모든 것이 상반된 것으로 구성되기 때문이다. 밤과 낮이 하루를 구성하고, 그런 하루들이 모여 계절을 만들고, 계절의 변화가 자연 세계 생명 활동의 원천이 되는 것과 같은 이치이다. 1원 1표와 1인 1표의 상반된 사회구성 원리가 역설적으로 자본주의의 역동성과 생명력을 만들어내는 이유이다. 실제로 1인 1표 원리에 기초한 민주주의와 돈의 힘이 지배하는 시장경제의 공진화가 현대 자본주의의 역사 아니던가. 돈의 힘은 경제력을 팽창시킨 원동력이었던 반면, 민주주의라는 제어 장치가 없었다면 공동체는 지속 불가능했을 것이다.

1원 1표와 1인 1표 원리의 조화가 만들어낸 역사가 바로 19세기 대영제국의 역사이다. 19세기가 대영제국의 시대인 이유는 (20세기 미국의 시대처럼) 기본적으로 영국의 경제력에서 비롯한다. 그리고 영국의 경제력은 주지하듯이 영국이 주도한 산업혁명에 있다. 그런데 산업혁명을 단순히 기술혁명으로만 이해하면 산업혁명을 가능케 한 영국의 진짜 힘을 놓친다. 산업혁명은 요즘 식으로 표현하면 새로운 시도들, 즉 벤처투자 활동의 활성화가 있었기에 가능했다. 그리고 앞에서 소개했듯이 벤처투자의 활성화는 불환화폐(신용화폐)라는 발명품과 유한책임 회사라는 사회(제도의) 혁신이 있었기에 가능했다. 이러한 사회(제도의) 혁신들은 1원 1표 원리가 지배하는 시장경제가 꽃을 피울 수 있게 한 원동력이었다. 이런 점에서 사회혁신은 기술혁신의 전제조건이었다. 흔히 기술 만능주의를 생각하는 이들이 놓치는 점이다.

그런데 이보다 더 많은 사람이 불환화폐와 유한책임 회사가 등장할 수 있었던 근원이 민주주의라는 점을 간과한다. 시장(경제)을 지배하는 1원 1표 원리를 근대 사회가 수용한 것은 '돈의 욕망'을 인정한 것이다. 돈의 욕망을 배제한 근대 이후 물질문명의 번영은 상상할 수 없다. 문제는 돈의 욕망은 다른 한편으로는 공동체를 파괴할 수 있는 양날의 검이라는 점이다. 그래서 대부분 전통사회에서, 특히 종교영역에서는 이자를 금지했듯이, 돈의 욕망은 통제되었다. 중세적 금욕주의로부터 해방된 돈의 욕망이 가져올 수 있는 '위험'을 또 하나의 사회혁신인 민주주의 장치로 통제한 것이다.

그런데 돈의 힘은 도시의 자유 정신에서 비롯했다. 유럽의 중세 도시는 중앙집권적인 동양에서와 달리 권력의 (봉건제적) 분산에 따른 힘의 공백에서 출발했고, (사업) 성격상 자유로운 이동을 전제로 하는 상업활동의 성장과 함께 '자치도시'로 성장했다. 즉 신분이 구속되었던 중세 농촌사회와 달리 도시는 자유의 원칙이 지배하는 공간이었다. 그리고 도시는 자신의 (경제적) 성장에 필요한 노동력 확보를 위해 토지에 긴박緊縛되어 자유 이동이 금지됐던 농민의 정치적 자유를 지지할 수밖에 없었다. 도시의 경제적 자유 원칙이 민주주의의 출발점인 정치적 자유의 원칙을 필요로 한 것이다. 즉 서양 역사에서 중세 봉건제 사회질서가 근대 자본주의 사회질서로 전환하는 과정은 한마디로 표현하면 경제적 자유와 정치적 자유의 공진화 과정이었다고 할 수 있다. 그리고 정치적 자유가 선거권 확대 운동Chartism이나 신분제 타파 및 법 앞의 평등 원칙 등으로 발전하는 것은 자연스러운 절차였다. 선거권 확대나 평등 원칙 등이 노동의 권리 신장으로 이어졌듯이 정치적 자유나 민주주의 원칙은 돈의 힘을 견제하는 역할을 했다.

이처럼 자본주의 사회를 구성하는 경제와 정치는 1원 1표의 시장경제 원리와 1인 1표의 민주주의 원리 위에서 작동했다. 민주주의가 작동하지 않으면 1원 1표 원리, 즉 돈의 힘이 지배하는 시장만 남고, 사회는 극단적 불평등을 향해 치닫고 결국 붕괴한다. 역설적으로 들리겠지만, 최소한 민주주의가 제대로 작동해야만 자본주의가 생명을 유지할 수 있는 것이다. 1930년대 대공황이나 2008년 글로벌 금융위기 등은 기본적으로 불평등 심화의 결과라는 것이 학계의 정설이다. 1930년대 대공황 이후 프랭클린 루스벨트의 사회개혁이 미국 자본주의를 살렸다는 것 또한 주지의 사실 아닌가.

이런 점에서 현재 미국이 직면한 위기는 바로 대공황 이후 민주주의를 강화했던 것과 달리 민주주의의 위기에서 비롯한다. 이처럼 1원 1표 원리는 1인 1표 원리를 제거하고 싶겠지만, 1인 1표 원리가 사라지면 자신도 소멸할 수밖에 없다. 낮은 밤이 없으면 존재할 수 없다. 밤이 있기에 낮이 빛나는 것과 같은 이치이다.

재정의 진짜 이름은 공공금융

'재정'은 영어 'public finance'를 번역한 것이다. 재정은 좁은 의미로는 "국가 또는 지방 자치 단체가 행정 활동이나 공공정책을 시행하기 위하여 자금을 만들어 관리하고 이용하는 경제활동"으로 이해하지만, 넓은 의미로는 개인, 가계, 기업 등 모든 경제주체의 돈에 관련한 모든 업무를 총칭한다. 그럼에도 오늘날 일반 사람에게 '재정'은 정부 등 국가기관의 행정 활동과 관련한 자금 관리와 이용 등으로 그 의미를 좁혀 사용되고 있다. 정부가 경제에 개입하는 수단인 경제정책을 재정정책과 통화정책으로 분리하듯이 어느 순간부터 '돈의 흐름(금융=금전 융통)'과 관련한 업무는 재정에서 떨어져나갔다.

그런데 (앞에서 소개했듯이) 지금도 '돈의 흐름' 업무는 (한국의 경우) 기재부의 소관 업무이고, 한국은행은 정부를 대표하는 기재부의 관리를 받는다. 중앙은행의 독립성을 '기계적으로' 이해하는 이들은 이를 말도 안 된다고 생각할 수 있으나, 이는 중앙은행

태생의 문제이다. 기재부가 화폐와 외환 업무를 관장하는 것은 현대 국가가 주권 국가이고, 이 주권에는 군사나 정치 주권만이 아니라 '경제 주권' 등도 포함되어 있고, 경제 주권의 핵심 중 하나가 '화폐 주권'이기 때문이다. '주권 국가'는 자기 나라 문제를 다른 나라의 간섭 없이 스스로 해결할 수 있는 국가를 말한다. 그리고 오늘날 주류 경제학에서 통화정책은 재정정책보다 효과적이라 말하기에 '화폐 주권'은 한 나라의 경제 주권에서 핵심 요소라 할 수 있다.

한국 정치인들은 경제 주권에 대한 개념이 희박하지만 미국 정치인에게는 하나의 '상식'이다. 예를 들어, 미국의 NBC 2007년 3월 2일자 뉴스에서는 '클린턴, 2008년 이슈로 중국 경종을 울리다(Clinton sounds the China alarm as '08 issue)'라는 제목의 기사를 실으며 "힐러리 클린턴 상원의원은 중국 투자자들에 대한 미국의 의존 문제를 자신의 2008년 [대통령 선거] 메시지의 중심 주제로 삼고 있다. 힐러리 클린턴 상원의원은 **'미국이 서서히 경제 주권의 잠식'**을 겪고 있다는 선언을 목요일 CNBC 방송 전파에 내보냈다(Sen. Hillary Clinton is making America's dependence on Chinese investors a central theme of her 2008 message. She took the CNBC airwaves Thursday to declare that America was undergoing "a slow erosion of our own economic sovereignty")"는 기사 요약 내용을 올려놓았다.[2]

2   https://www.nbcnews.com/id/wbna17403964, posted on Nov. 6, 2023.

여기서 '2008년 이슈'는 미국 대통령 선거를 말하고, 당시까지 오바마를 지지율에서 앞서며 미국의 차기 유력 대통령 후보였던 힐러리 클린턴은 (중국으로 유출된 달러가) 월가로 재유입되어 미국 통화정책을 교란시키는 문제를 지적한 것이다.

이처럼 화폐 주권, 경제 주권의 확보가 정부의 핵심 목표인데 정부의 경제정책 중 통화정책을 어떻게 중앙은행에만 맡길 수 있겠는가. (중앙은행의 역할을 포함해) 통화정책의 방향 설계는 정부가 해야 하는 것이다. 행정 활동을 포함해 공공정책 시행에 필요한 자금의 조성과 관리, 이용 등 모두가 정부 역할이고, 이를 효과적으로 수행하기 위해 중앙은행을 만든 것이다. 영란은행의 설립 목적을 "공공선the public Good과 인민 모두our People의 이익을 촉진하기 위한 것"이라고 규정하지 않았는가.

공공정책에는 말 그대로 모든 국민이 사회적 생산의 일부를 분배받고, (사회적 생산 중 사회몫이 뒷받침한) 중앙은행의 불환화폐(법정화폐)를 이용할 수 있고, 모든 국민의 생명과 재산이 보호받고, 나아가 사회적 생산을 증진할 수 있는 정책들이 기본적으로 포함되는 것이다. 'public finance'는 '재정'이 아니라 (공공정책에 필요한 돈의 조성과 관리, 이용 등과 관련된) '공공금융'이라 불러야 하는 이유이다. 아니면 정부나 지방 자치 단체 등의 공공 부문이 행하는 경제활동을 뜻하는 '공공경제'로 불러야 한다. (정치나 정부에서 분리시킴으로써, 그리하여 자본이 지배하는 시장의 지배에 놓이게 하기 위해) 중앙은행의 독립성을 강조하거나 금융을 (돈의 힘이 지배하는 시장금융인) 민간금융 중심으로 재구성하면서 '공공경제'가 (공공금융 성격을 제외한) '재정'으로 축소되었기 때문이다.

'돈의 흐름'을 의미하는 금융(금전 융통의 축약어)을 시장에만 맡겨놓으면 사회는 순식간에 야만화되고 그런 사회는 지속이 불가능하다. 불환화폐를 사용하기 시작한 이른바 화폐경제 시대의 경제 문제는 '돈의 배분' 문제로 귀착한다. 함께 생산한 생산물은 대부분 화폐로 표현되고, 그 생산물의 배분은 결국 돈의 배분이기 때문이다. 그런데 함께 생산한 사회적 생산의 화폐적 배분을 어떻게 시장에만 맡길 수 있다는 말인가.

공공금융의 복원은 좌파적이거나 진보적 사회를 의미하지 않는다. 민주주의와 시장이라는 두 개의 축으로 출발했고, 양축이 균형을 맞추었기에 번영을 만들어냈다는 점에서 근대 사회의 본래 정신으로 돌아가자는 것이다. 공공영역에서 금융을 분리하여 시장(민간)금융 중심으로 바꾼 것이 (사회 전체를 금융 자본의 논리로 재구성한) 이른바 금융화였고, 그 결과는 필연적으로 공공영역의 축소로 이어졌다. 재정 지출 최소주의, 감세, 작은 정부, 그리고 그 연장선에서 불평등의 심화 및 가계 부채와 정부 채무의 급증 등이 그 산물들이다.

전통 시대의 이른바 (토지 소유 집중이 극심해져 경작 토지를 잃은 백성은 권문세가의 사적 예속민으로 전락한 결과 세원稅源이 줄어든 왕조는 빈곤해지고 백성은 곤궁해졌던) 왕조 말기 '국빈민곤國貧民困' 시대상과 크게 다를 바가 없다. 사회 내부적으로 사전私田 혁파나 토지개혁 등이

제기되었지만 대개가 실패하고 역성혁명으로 왕조가 교체된 것은 그만큼 돈을 움켜쥔 기득권층의 양보를 만들어내기가 어렵다는 것을 보여줄 뿐이다. 기독교 문화의 서양에서 '희년禧年, Jubilee'의 의미 역시 마찬가지이다. "50년마다 빚이 탕감되고, 팔렸던 자신의 땅과 집과 몸을 회복하게 되는 해"를 의미하는 '희년'이, (일반 백성들이 거룩하신 하나님 앞에서 어떻게 행동해야 하는지를 말하고 있는 책) 〈레위기〉에서 토지의 영구 매매를 금지한 이유 역시 토지 집중의 위험성, 현대적으로 표현하면 돈의 힘이 지배하는 세상을 막기 위함이다. 물론 토지 매매는 할 수 있지만 최장 50년이 지나면, 즉 희년이 되면 토지를 다시 원래의 주인에게 돌려주라는 의미를 담고 있지 않은가.

부유층의 탐욕은 폭동이나 민란, 심지어 혁명으로 귀결된다. 지난 40년 넘는 기간 동안 진행된 금융화로 세상의 불평등은 극도로 심화했다. 이러한 결과는 공공금융 성격의 상실에서 비롯한다. 오늘날 중앙은행은 은행자본의 이익만 대변할 뿐 '인민의 이익 촉진'에는 관심이 없다. 은행자본 이익에만 기울어져 있는 중앙은행의 모습은 은행 위기 때마다 쉽게 드러난다. 2023년 3월 미국 은행 위기 때 연준이 어떻게 대응했는가를 살펴보자.

기본적으로 남의 돈으로 돈놀이를 하는 은행의 사업구조는 (왼쪽의 차변에 자산, 오른쪽의 대변에 자본과 부채를 기록하는) 은행의 대차대조표로 쉽게 이해된다. 남의 돈인 대변의 은행 부채는 고객예금과 증권 발행으로 조달한 차입금으로 구성된다. 이렇게 조달한 자금으로 은행은 대출이나 (안전한) 수익증권 투자 등으로 돈놀이를 한다. 즉 차변의 은행 자산은 고객이 예금을 인출할 때 지급해야 하는 최소 지급준비금을 제외하고 대출금과 수익(증권) 자산 등으로 구성된다. 그리고 조금 더 구체적으로 설명하면 고객예금은 예금보험공사에 의해 보장받는 예금(예: 미국은 25만 달러 한도, 한국은 5,000만 원 한도)과 보장받지 못하는 예금으로 나뉜다. 그리고 은행의 수익성 증권도 중간에 매각할 수 있는 증권Available-for-Sale Securities, AFS과 만기까지 보유하는 증권Held-to-Maturity Securities, HTM으로 구분된다.

이제 미국 은행 위기의 시발점이 되었던 실리콘밸리은행SVB의 2023년 3월 10일 파산을 되돌아보자. 실리콘밸리의 혁신기업들이 주요 고객인 SVB는 금리 인상 속에 자금조달의 어려움이 가중되면서 운영자금에 압박을 받은 기업들의 평소보다 많은 자금인출로 인해 자금확보 압박을 받자, 이에 대해 매각할 수 있는 수익증권 매각으로 대응한다. 그런데 연준의 금리 인상으로 국채나 기관보증채권 등의 가격이 폭락했던 상황에서 손실을 입는다. SVB의 경우 2022년도에 약 161억 달러의 예금 인출이 있었고, 이에 대한 대응으로 약 146억 달러의 차입을 늘렸으나 여전히 부족해 수익증권을 매각했고, 증권 매각으로 약 18억 달러의 손실이 발생했다. 만기까지 보유하는 증권에서도 미실현 손실액이 약 50억 달러가 발생한 것으로 확인되었다. 게다가 85% 이상이 보장받지 못하는 예금이다 보니 인출 사태는 사실상 뱅크런 수준으로 발전할 수밖에 없었다. SVB 파산의 문제는 정도의 차이일 뿐 많은 미국 은행의 공통 문제였기에 3월 12일 시그니처은행Signature Bank의 파산으로 이어졌다.

사태의 심각성으로 '재무부-연준-월가'는 (항상 그랬듯이) 함께 해결책을 논의했고, 그 결과로 나온 것이 3월 13일 연준의 '긴급 대출 프로그램Bank Term Funding Program, BTFP'이다. BTFP의 핵심은 두 가지이다. 하나는 은행들 보유 채권의 담보가치를 액면가 기준으로 해주고, 다른 하나는 대출 기간을 최대 1년까지 해주겠다는 것이었다. 위기에 직면한 은행들에 대한 중앙은행의 긴급 지원 대책이었다. 오늘날 중앙은행은 위기에 내몰린 은행에 자금을 지원할 때, 〈이코노미스트〉 편집장을 지낸 월터 배젓Walter Bagehot이 1873년 제안한 이른바 '배젓의 원칙'을 그 기준으로 삼고 있다. 배젓의 원칙은 위기에 내몰린 은행을 지원할 때 중앙은행은 "질 좋은 담보와 높은 이자를 조건으로 파산에 몰리는 은행에게 가능한 신속하게 그리고 무제한 자금을 공급"해야 한다는 것이다. '배젓의 현대판 원칙'에서는 주주들이 상당한 대가를 감수해야 하고, 경영진이 즉각 교체되는 조건이 추가됐다. 그런데 연준은 익일물 연금리에 0.1%의 패널티 금리를 추가했을 뿐이다.

일반 기업, 특히 개인 사업자가 사업을 하다가 (자산이 부채보다 많아도 자산을 현금화할 수 없어 부채 상환이 어려운) '유동성 위기' 상황에 놓였다고 해서 중앙은행이 자금을 지원해주지는 않는다. 게다가 시장가격이 하락한 채권들을 액면가치 기준으로 담보를 잡아주는 것은 상상할 수 없다. 사실 연준은 금융위기 때 은행과 금융회사 등의 가격이 폭락한 부실채권들조차 액면가치로 담보를 잡아주었다. 중앙은행이 얼마나 은행·금융 자본의 이익에 충실한가를 보여준다. 물론, 은행 파산이 경제 전체에 미치는 부정적 영향을 고려한다고 말하지만, 이것이야말로 이른바 '대마불사'라는 도덕적 해이의 전형이 아닌가. 이렇게 위기 상황에서 구제해줬다고 해서 은행이 이익을 냈을 때 사회와 그 이익을 공유한 적이 있던가.

앞에서 말했듯이, 은행은 불환화폐를 도입 및 사용할 때부터 엄청난 특혜를 입었다. 게다가 가장 낮은 금리(비용)의 불환화폐를 이용한다. 그런데 그 불환화폐가 통용될 수 있도록 실질적 가치를 공동 보증한 일반 납세자 국민은, 특히 사회경제적 약자층은 중앙은행의 혜택을 전혀 보지 못하고 있다. "공공선과 모든 인민의 이익을 촉진시킨다"는 중앙은행의 설립 목적이 사문화되었기 때문이다. 정치와 민주주의가 실종된 결과이다.

공공금융이 실종하자, 즉 일반 국민이 민간금융의 먹잇감으로 전락하자 세상은 돈의 힘이 지배하는 곳으로 바뀌었다. 그 결과가 극도의 불평등이고, 특히 한국에서는 세습성이 강한 부동산 자산 중심의 불평등이다. 대한민국 개인의 토지 소유 집중은 (0에 가까울수록 평등하고 1에 가까울수록 불평등을 의미하는) 지니계수가 0.8을 이미 오래전에 넘었을 정도인데, 이는 0.6도 되지 않았던 조선왕조 말기와 비교된다. 소득과 금융에 대한 국민의 기본권리를 보장해주는 공공금융의 정상화만이 사회 체제의 지속을 보장해준다. 망가진 시스템을 방치한 채 개인의 선의에만 기대서는 해결되지 않는다.

'사방 백리 안에 굶어 죽는 사람이 없게 하라'는 가훈으로 유명하여 한국 부유층의 롤모델로 불리는 경주 최부잣집 이야기는 역설적으로 시스템이 무너진 상황에서 개인의 선의가 해결책이 될 수 없음을 보여준다. 국토가 황폐해지고 백성이 도탄에 빠진 양란 후 삼남(三南, 충청도·전라도·경상도의 총칭)에 큰 흉년이 들었을 때인 1671년, 경주 최부자 최국선은 곳간을 헐어 모든 굶는 이들에게 죽을 끓여 먹이도록 하고, 헐벗은 이에게는 옷을 지어 입히도록 했다. 경주 부자 최국선은 한 걸음 더 나아가 아들에게 서궤 서랍에 있는 담보서약 문서를 모두 가지고 오게 한 후 "돈을 갚을 사람이면 이러한 담보가 없더라도 갚을 것이요, 못 갚을 사람이면 이러한 담보가 있어도 여전히 못 갚을 것이다. 이런 담보로 얼마나 많은 사람이 고통을 당하겠느냐. 땅이나 집문서들은 모두 주인에게 돌려주고 나머지는 모두 불태우라"고 했다. 오늘날 은행·금융 자본이라면 죽음과 절망에 놓여 있는 없는 사람을 상대로 부를 엄청나게 증식할 기회로 삼았을 것이다.

경주 최부자 집이 10여 대 300년 동안 만석군의 부를 현명하게 지켜내며 어려운 많은 이들에게 도움을 주었지만, 게다가 조선 말기 다산 정약용 등 많은 토지개혁 사상가들이 그렇게 노력을 기울였지만 조선은 폭동과 민란과 농민전쟁 등을 피할 수 없었고, 끝내 망국의 길을 가지 않았는가.

이처럼 공공금융의 붕괴, 즉 정치와 민주주의의 실종은 시장의 독주가 아니라 시장경제, 나아가 자본주의 체제조차 지속 불가능하게 만든다. 자본주의가 지속하기를 바란다면, 그리고 자본주의를 지지한다면 민주주의의 산물인 공공금융의 제자리를 찾아주어야만 한다. 이것을 부정하는 사람은 '사이비 시장주의자'이다. 진정한 시장주의자라면 적어도 은행자본이 누리는 혜택들을 모든 국민 역시 누릴 수 있게 그 권리를 찾아주어야만 한다.

구체적으로는 국민 모두가 함께 가치를 보증한 불환화폐를 최소 금리로 이용할 수 있게 해야 한다. 현재 많은 경제적 약자층이 (은행을 이용하지 못하고 카드론이나 카드사 현금서비스, 저축은행 등 2금융권, 심지어 대부업체를 이용한 결과) 높은 대출금리로 인해 채무의 늪에서 헤어나지 못하고 있다. 신용에 대한 최소 이용 권리가 실현되지 못하고 있기 때문이다. 정치권에서 이야기되는 1,000만 원 정도를 신용등급 1등급자에게 적용하는 대출금리로 10년간 이자만 상환하며 이용하게 하고, 이자 상환에 문제가 없을 경우 다시 10년씩 계속 연장해주자는 제안은 (은행이 금 보증 없이 중앙은행이 발행한 신용화폐를 가장 낮은 금리로 이용하듯이) 국민 모두에게 최소 규모의 금융을 이용할 권리를 찾아주자는 것이다.

금융권을 포함한 사회 일각에서 이를 반대하는 이유는 금융자본의 이익을 침해하기 때문이다. 국민 모두가 마이너스(-) 통장으로 1,000만 원을 확보하게 되면 카드론이나 카드사 현금서비스는 물론이고 저축은행 등 2금융권이나 대부업체를 이용할 필요가 없게 된다. 심지어 시중은행조차 고금리 장사에 제한을 받을 수밖에 없게 된다. 국민이 채무의 늪에서 벗어나는 일인데 왜 금융 자본이 입을 타격을 걱정해야 하는가. 오히려 금융권도 합리적 수준으로 금리를 낮추게 될 것이다.

무엇보다 공공금융의 부활은 새로운 사회혁신의 출발점이 될 것이다. 불환화폐 사용을 가능케 한 중앙은행 시스템과 유한책임 개념의 도입 등이 민주주의와 더불어 영국 산업혁명을 가능케 한 사회혁신 역할을 했듯이 (정부 차원을 넘어) 공공금융 개념을 일반 국민에게 실질적으로 확대함으로써, 즉 소득과 금융에 대한 국민의 기본권리를 보장함으로써 삶의 질을 높일 뿐 아니라 많은 국민들로 하여금 (생계 부담으로 포기했던) 자기가 하고 싶은 일을 시도할 수 있게 해줄 것이다.

그리고 창업을 희망하는 청년 5명이 모이면 5,000만 원을 창업자금으로 활용할 수 있고, 창업하는 동안 사회로부터 최소 생계소득을 지급받을 수 있다. 일각에서 트집 잡기 위해 신용을 상환하지 못하면 사회문제가 될 수 있다고 지적하지만, 한 달에 5만 원 정도에 불과한 이자를 의도적으로 상환하지 않고 (사회생활에 지장이 생기는) 채무불량자가 될 사람은 거의 없다. 한 달에 5만 원 안팎의 이자 비용을 버는 것이 부담스럽다고 생각할 사람은 없다. 게다가 일자리를 스스로 해결하지 못하는 국민에 대해서는 국가 일자리보장제에 따라 지역사회서비스 업무에 연결시켜줄 수도 있다. 무엇보다 신용 사용에 대한 정보를 활용하여 이른바 '송파세 모녀'처럼 사회적으로 고립되어 불행한 비극으로 이어지는 것을 차단할 수 있다는 점에서 사회안전망의 구멍도 메울 수 있다.

공공금융의 실종은 사회의 실종으로 이어진다는 점에서 공공금융은 사회 그 자체를 의미한다. 사회가 약화되고 없어지면 사회적 동물인 인간은 사회 속에 살면서도 고립된 존재가 될 수밖에 없다. 고독사가 바로 그 현상 중 하나이듯이 공공금융이 약화된 사회는 황폐화되고, 야만화될 수밖에 없다. 일각에서는 돈이 너무 풀려 인플레가 발생할 것을 우려한다. 하지만 이는 기본적으로 기존의 고금리 신용대출을 최저 금리로 전환시켜주는 것뿐이다. 돈이 필요가 없음에도 대출을 이용하는 사람은 생기지 않는다. 아무리 낮아도 대출금리가 예금금리보다는 높기 때문이다. 심지어 이러한 권리 회복을 퍼주기로 표현하는 이들도 있다. 금융 자본 논리에 너무 세뇌된 결과이다. 이들은 자금난에 직면한 금융회사나 건설기업 등에 대한 자금 지원을 '퍼주기'라 말하지 않는다. 금융위원회(2023. 10. 31)에 따르면 1997년 외환위기 이후 투입한 공적 자금 168.7조 원 중 2023년 9월까지 회수하지 못한 돈이 48.3조 원이나 된다.

2장

DOLLAR DEMOCRACY

대한민국에서 돈의 배분

민주화의 역설,
시장(권력)의 독주

1993년 2월, 이른바 문민정부가 출범했다. 김영삼 정권은 비록 군부정권의 정당인 전두환-노태우 민주정의당(민정당), 김영삼의 통일민주당(민주당), 김종필의 신민주공화당(공화당) 등 3당 합당으로 만든 민주자유당(민자당) 기반으로 출범했으나 박정희나 전두환 등 군부독재와 정치적 각을 세워왔던 탓에 군부독재 권력의 국정운영 방식과는 차이가 존재할 수밖에 없었다. 박정희-전두환 군부독재의 반복을 차단하기 위한 '하나회 해체'와 더불어 군부독재의 경제운용 방식인 정부 주도의 경제개발 방식을 '청산 대상'으로 삼았다. 그 결과 (창업경영자의 기여와 더불어 사회의 보호와 지원 등에 힘입어 성장했다는 점에서) 사회적 자산의 성격을 가졌던 재벌기업은 재벌 총수의 사유물이 되었다.

정치의 문민화는 공권력으로 포장한 물리력에 의한 지배에서 법에 의한 지배로의 전환을 의미했고, 그에 따라 시장과 자본에 대한 정부 통제는 크게 약화했다. 특히 대통령 단임제와 더불어 경제 규모의 증가 등은 권력을 정치의 장에서 시장으로 이동시키고 있었다. 그리고 재벌 자본은 시장의 주인이었다. 더구나 당시 세계 경제 환경 역시 1989년 독일 베를린 장벽 붕괴부터 1991년 소연방 해체까지 냉전의 종식에 따라 미국식 시장경제체제의 대외 확산 전략인 '워싱턴 컨센서스'에 기반한 세계화 물결이 지배하는 분위기였다.

워싱턴 컨센서스는 다름이 아닌 월가 자본의 논리를 의미했다. 월가 자본이 뒤에 있는 미국은 한국에 대해 OECD 가입 압력을 가해왔다. 그리고 월가 자본이 노린 것은 한국의 금융 자유화와 자본시장 개방이었다. OECD에 가입하려면 회원국 수준의 금융 자유화와 자본시장 개방을 해야 하기 때문이다. 비유적으로 표현하면, 한국 금융시스템은 미국 금융시스템과 상이한 단층으로서 월가 요구의 수용은 두 개 단층의 충돌을 의미했다. 한국은 정부에 의해 관리되는 은행 중심의 금융시스템이었고, 자본시장은 제대로 형성조차 되지 않은 상태였기에 금융 자유화와 자본시장 개방은 한국 경제를 월가의 먹잇감으로 던져넣는 것을 의미했다.

그런데 (준비가 미흡한 상황에서 자본시장 개방 시 금융시스템 차이에 따른 충격 우려로) OECD 가입 추진에 소극적이었던 노태우 정권과 달리 김영삼 정권은 가입을 적극 수용했다. 김영삼 정권 출범 직전인 1992년 경제성장률은 그 이전까지의 두 자릿수에서 갑자기 6%대로 급락한다. 1991년과 1992년의 2년간 연평균 성장률이

10.3%였다. 저축대부조합(S&L, 우리나라의 상호저축은행에 해당하는 미국의 지역 금융기관) 위기에 따른 1991년 미국 경기 침체, 자산시장 거품 붕괴로 1992년부터 본격화한 일본 경제의 침체 등의 여파였다. 개혁을 추진하는 정권에서 임기 첫해는 매우 중요한 의미를 갖는다. 그러나 1992년에 이어 김영삼 정부 첫해인 1993년에도 6%대 성장률이 지속하며 경제에 대한 위기의식이 커졌다.

그 가운데 당시만 해도 명실상부한 부자 나라 모임체였던 OECD 가입으로 선진국 진입이라는 정치적 홍보 효과를 누리고 이와 더불어 모르핀 성격의 해외자본 유치로 성장률을 끌어올리고 싶은 근시안적 욕망이 작동했다. 물론 여기에 재벌 자본의 이해가 결합했다. 자본거래 규제 폐지로 당시 한국보다 크게 낮았던 주요 선진국의 낮은 금리에 대한 접근이 가능해져 자금조달 비용을 낮출 수 있었기 때문이다. 회사채 3년물 수익률이 1991년 말 18.98%, 1992년 말 14.0%까지 치솟았다가 1993년부터 안정되어 그해 말에는 12.21%까지 하락했으나 1994년 말 14.22%까지 재차 상승했다. 반면 당시 미국 우량기업의 회사채 수익률은 7% 안팎이었다.

이런 상황과 셈법 속에 (세계화 추진과 신한국 건설, 선진국 진입을 국정 목표로 설정했던) 김영삼 정부는 출범하자마자 1993년 4월 경제기획원 대외경제조정실장을 위원장으로, 20개 부처 실무국장을 위원으로 하는 'OECD 가입 실무위원회'를 발족했다. 이 위원회는 1994년까지 OECD 26개 위원회에 가입한다는 일정을 확정하고, 자본거래 규제 폐지 및 금융(시장) 자유화를 추진했다. 자본거래 규제 해제에 따라 외국자본 유입은 급증했다. 기업의 해외차입은 1993년 9,960억 원에서 94년 5조 8,570억 원, 95년 8조 3,920억 원, 96년 12조 3,830억 원으로 급증세를 이어갔다. 1997년 여름 동남아시아에서 시작한 은행(외환) 위기는 한국으로 확산하며 해외자본은 갑작스러운 유출로 바뀌었고 그 결과는 우리가 잘 아는 외환위기였다. 당시 국내 금융 전문가들은 (관료와 정치인 등은 말할 것도 없고) 국제금융에 대해 너무 무지했다. 이와 관련하여 어처구니없는 일화 하나를 소개하자.

당시 무역 및 경상수지 적자의 급증 속에서도 해외자본 유입의 급증으로 환율이 상승하기는커녕 오히려 하락하여 무역 적자에 부정적으로 작용하자 이에 대한 대책으로 해외 여행이나 해외 송금 등에 대한 규제를 완화하여 달러를 해외로 내보내 환율 하락 압력을 줄이자는 주장을 대책이라고 국내 국제금융 전문가들이 쏟아냈다. 훗날 외신에서 "한국이 너무 일찍 샴페인을 터뜨렸다"라고 조롱한 이유이다. 무역 흑자로 벌어들인 달러는 우리가 마음대로 쓸 수 있는 돈이지만 외국인이 돈놀이하기 위해 국내에 들여온 달러는 언제든 회수해갈 수 있는 돈이라는 사실조차 무시하고 설마 갑작스러운 자본 유출이 발생하겠느냐는 수준이었다. 사실 OECD 가입 압력은 한국만 받은 것이 아니었다. 이른바 아시아 신흥공업국 대다수가 그 압력을 받아왔지만 지금까지도 그 국가들 중 한국 외에는 OECD에 가입한 국가가 없다.

한국전쟁 이후, 심지어 단군 이래 최대 환란이라 불릴 정도로 외환위기는 우리 사회에 되돌릴 수 없는 깊은 상처를 입혔다. 그 상처를 상징하는 것이 서울 거리 여기저기에 보이는 노숙자들이다. 그때 이후 가정 해체로 인해 노숙자들이 본격적으로 형성되기 시작했다. 이른바 좋은 직장으로 평가받던 기업과 금융회사 등이 문을 닫으며 수많은 화이트칼라가 순식간에 실업자로 전락할 정도였으니 중소기업이나 취약 부문의 충격은 말할 필요도 없었다.

'낡은 빚'을 갚기 위해 낸 '새 빚', 이른바 'IMF 구제금융'은 대한민국에 자자형刺字刑이나 다를 바 없는, 형극荊棘의 길을 열었다. 비워진 국부(눈에 보이는 대가)는 고생을 해 채워 넣으면 되었지만, 월가 자본 논리에 의한 한국 금융의 재구성은 일반인의 눈에는 보이지 않지만, 대한민국을 총체적으로 해체시키는 원인으로 작용해왔다. 공공금융이 사망했기 때문이다. 또한 그것은 사회의 해체를 의미하기 때문이다. 외환위기 이후 대한민국에는 원자화, 파편화된 개인만 존재할 뿐 사회적 존재는 사라지게 된 이유이다. 이미 그때부터 각자도생의 길이 시작된 것이었다. 노후 파산, 청년층에까지 확산한 고독사, 지방 소멸과 인구 소멸 그리고 국가 소멸로의 진행은 예정된 수순이었다.

공공금융의 해체로 재벌 자본에 더해 '월가 자본의 아바타인 금융 자본'이 시장 권력을 더욱 공고화했다. 돈의 힘은 사람들을 욕망의 포로로 만들고, 민주주의가 고개를 들 때마다 무참히 짓

밟았다. 돈의 힘이 통제되지 않는 한, 정치는 돈의 힘에 좌우되고, 민주주의의 자리는 금권 과두정이 차지할 수밖에 없기 때문이다. 공공금융은 민주주의 그 자체이기에 사회를 구성하는 민주주의와 시장 중 민주주의가 죽으면 시장만 남게 되고, 시장만 남은 사회는 죽어갈 수밖에 없다.

부동산 카르텔 공화국

공공금융의 사망은 대한민국을 부동산 카르텔 공화국으로 변화시켰다. 재벌 자본의 건설회사와 금융 자본의 부동산 금융이 결합한 산물이었다. 공공선과 국민 이익의 촉진은 뒤로 밀려났다. 그 결과가 세습성이 강한 부동산자산 중심 경제 구조의 등장이었다. 2000년대 20년(2001~2021년)간 국내 GDP는 약 1,373조 원 증가한 반면 국내 부동산자산은 이보다 약 9배 많은 1경 1,845조 원 증가했다. 가계로 국한해도 마찬가지이다. 가계의 처분가능소득이 706조 원 증가하는 동안 가계 부동산자산은 약 10배 많은 6,969조 원 증가했다.

이러한 변화는 스스로를 보수라 지칭하는 보수정권에서나 진짜(?) 보수정권인 민주당 정권에서나 별 차이가 없었다. 오히려 노무현 정부나 문재인 정부 시절 글로벌 유동성의 폭발과 맞물려 부동산자산 중심의 경제 구조는 더욱 고착화됐다. 참고로 국제결제은행BIS에 따르면 한국은 중국, 멕시코, 튀르키예, 이란 다음으로 (달러, 유로, 엔으로 구성한) 외화 신용이 많은 나라이다. 경상성장률은 2001~2007년간(김대중·노무현 정부 기간) 연평균 7.5%에서 2008~2016년간(이명박·박근혜 정부 기간) 연평균 5.3%, 그리고 다시 2017~2021년간(문재인 정부 기간) 연평균 3.6%로 하락하는 동안 부동산자산의 연평균 증가율은 각각 14.0%, 5.0%, 8.3%로 민주당 정권에서 부동산자산 증가율이 소득 증가율을 크게 앞질렀다. 가계 소득과 부동산자산을 비교해도 차이가 없다. 소득 증가율은 연평균 6.1% → 4.9% → 3.7%로 하락했지만, 부동산자산 증가율은 연평균 14.4% → 4.5% → 8.7%로 소득 증가율을 2배 이상 앞질렀다.

노무현 정권 때는 일본은행의 (사실상의) 제로금리와 양적완화 (2001.3~2006.3) 그리고 미국 연준의 1% 초저금리(2003.7~2004.6)가 맞물려 글로벌 유동성이 폭발하며 글로벌 주택시장에 붐이 있었고, 문재인 정권 때는 코로나 팬데믹에 대한 대응으로 주요국이 초금융완화로 천문학적인 돈을 쏟아내면서 부동산을 포함한 글로벌 자산시장에 붐이 일었던 기간이다.

부동산 시장은 1990년대 이후 국제금융의 흐름과 동조화 현상을 보여왔다는 점에서 글로벌 유동성은 주택시장 붐의 주요 요인임에 틀림없다. 특히 노무현 정권 시절인 2005~2007년간(2분기 기준) 글로벌 신용(미국 밖 비은행에 대한 달러 신용)은 약 57.7%(연평균 16.4%)나 증가했다. 그에 비하면 코로나 팬데믹 때인 2020~2021년간 (3분기 기준) 글로벌 신용증가율은 11.2%(연평균 5.4%)에 불과했다.

이는 팬데믹 직전 2년(2018~2019년, 1분기 기준)의 신용증가율 9.5%(연평균 4.7%)와 큰 차이가 없다. 주요 선진국이 돈은 많이 찍어냈지만 글로벌 금융위기 이후 해외 신용 위축과 팬데믹에 따른 경제생태계 붕괴 등의 여파로 글로벌 신용 팽창은 제한적이었다.

이처럼 글로벌 유동성의 폭발이 부동산 가격의 폭등을 모두 정당화하지는 못한다. 이는 국내 가계 신용의 영향도 있었음을 보여준다. 예를 들어, 한국의 가계 신용은 팬데믹 직전 2년간 연평균 6.5% 증가한 반면, 팬데믹 기간 2년간은 8.3% 증가했다. 국내 신용증가율이 글로벌 신용증가율보다 높았다. 반면 노무현 정권 때는 상대적으로 글로벌 신용증가율(연 16.4%)보다 국내 신용증가율(연 10.4%)이 낮았다. 문재인 정권에서의 부동산 자산가치 급등은 국내 신용에 대한 통제 실패도 한 요인으로 작용했음을 보여주는 것이다.

실제로 세계 주요국 모두가 가격 폭등을 경험하지는 않았다. 예를 들어, IMF가 발표하는 58개 국가의 전체 주택의 실질가치 변화율을 보면 2021년에 12개 국가는 변화율이 마이너스를 기록한 반면, 한국은 11.7%로 8번째로 높았다. 폭등을 겪었던 미국의 10.6%, 캐나다의 9.8% 등보다 높았을 뿐 아니라 독일, 싱가포르, 일본 등의 6%대 상승률이나 프랑스의 3%대보다 크게 높았다.

이는 (앞에서 일부 언급한) 부동산 투기에 적합한 사회경제적 구조를 갖추고 있기 때문이다. 이 구조를 혁파하지 못한 대가는 고스란히 무주택자나 정부를 믿고 부동산 투기에 뛰어들지 않은 사람들에게로 돌아갔다. 예를 들어, 문재인 대통령은 2020년 신년사에서 "부동산 시장의 안정, 실수요자 보호, 투기 억제에 대한 정부의 의지는 확고합니다. 부동산 투기와의 전쟁에서 결코 지지 않을 것입니다"라며 부동산 투기에 뛰어들면 손해를 볼 것처럼 계속 강조했지만, 대통령 말을 믿고 무리하게 빚을 내 집을 사지 않은 사람들에게 돌아온 것은 이른바 '벼락 거지'였다.

코로나 팬데믹 상황인 2020년과 2021년 2년간 그 피해는 상상 이상이었다. 2년간 시중 통화량은 700조 780억 원이나 풀렸다. 그리고 정부 채무도 247조 5,000억 원이 증가할 정도로 정부가 푼 돈 역시 사상 최대였다. 그런데 시중에 풀린 돈 중 실물경제로 들어간 돈은 시중 통화량의 22%에 불과한 155조 7,000억 원밖에 되지 않았다. 나머지는 자산시장으로 흘러 들어갔고 그 결과 국내 부동산자산은 2년간 GDP의 약 12배에 해당하는 1,845조 9,000억 원 증가했다. 가계의 경우는 더 끔찍했다. 소득은 80조 원 증가한 반면 부동산자산은 소득의 20배가 넘는 1,658조 원 이상이 증가했다. 생존 위기로 내몰리는 팬데믹 상황에서도 부동산 투기를 외면하고 열심히 땀 흘리며 살던 무주택자들에게는 날벼락이 되어 돌아온 것이다.

부동산 카르텔 공화국을 해체하지 않은 산물이다. 외환위기 이후 대한민국에서 돈이 가장 집중되는 곳은 부동산이 되었고, 따라서 대한민국의 가장 강한 힘들은 부동산(돈)을 매개로 자연스럽게 네트워크가 형성되었다. 부동산자산 중심의 경제 구조는 고인물 사회를 만든다.

인간 사회에서 핵심적인 경제 문제는 새로운 가치를 만들어 내는 '생산'과 함께 생산한 것을 '배분'하는 문제로 구성된다. 사회 구성원은 생산활동에 참여하고 기여함으로써 자신의 몫을 배분받는다. 개인 소득이 그것이다. 그 소득 중 일부는 소비하고, 나머지는 나중에 소비하기 위해 저축한다. 소득 중 저축된 부분이 자산으로 축적된다. 오랜 시간 축적된 자산은 세습으로 이어질 수 있다. 그래서 사회는 전통적으로 소득 불평등에 관심을 가졌다. 소득 불평등이 장기적으로 자산 불평등을 낳고 자산 불평등은 경제력의 세습으로 이어져 사회 유동성과 활력을 저하시킨다. 출발선의 차이로 공정한 경쟁이 불가능해지고, 빈익빈 부익부가 심해지기 때문이다. (앞에서 언급한) 서양 기독교 문화에서의 '희년'이 제정된 이유이고, 극심한 토지 집중이 왕조교체로까지 이어졌던 동양 전통사회의 역사가 그 결과이다.

부동산자산 중심의 경제 구조는 대한민국을 전 세계 주요국 중 최악의 자산 불평등 국가로 만들었다. 자산 불평등이 가장 심한 선진국 중 하나인 미국의 경우 팬데믹 기간에 주식 자산가치 증가가 부동산 자산가치 증가보다 약 3배 컸던 반면, 한국은 정반대였다. 부동산자산은 주식자산보다 불로소득 성격이 강하다. 한국에서 부동산은 모든 것을 빨아들이는 블랙홀이었고, 그 결과 정부와 기업과 가계 모두가 부동산의 인질이 되었다.

1995~2022년간 기업이 만들어낸 부가가치에 해당하는 기업 영업잉여(=영업이익+감가상각비-금융비용)는 208조 원 증가한 반면 기업의 부동산자산 가치는 15배가 넘는 3,020조 원이나 증가했다. 가계 부채가 세계 최고 수준이 되었어도 계속 증가하는 이유나 건설회사의 부실을 정부가 나서서 막아주는 이유가 그것이다. 정부가 부동산 시장 부양을 중단하지 않을 것이란 믿음이 '부동산 불패'라는 잘못된 인식을 심어주었다. 건설경기에 대한 높은 의존과 부동산 자산가치 하락이 가져올 가계 부채 충격 등으로 인해 부동산 자산가치를 떠받쳐야만 사회와 경제가 생존할 수 있는 지경이 된 것이다.

　　문제는 저금리 시절에는 높은 가계 부채의 이자 부담이 은폐됐지만, 고금리의 장기화는 모르핀으로 연명한 부채 모래성의 실체를 드러낸다는 점이다. 현재 부동산 카르텔 공화국이 진퇴양난 상황에 놓여 있듯이 내부적으로 개혁하지 못한 부동산 카르텔 공화국의 운명은 자명하다. 경제성장(소득 증가)과 인구 증가 등이 떠받치는 부동산 가치 증가는 정당성을 확보하지만 유동성이나 가계 부채 증가 등으로 밀어 올린 부동산 가치 증가는 가계의 소득(과 일자리) 증가 등이 뒷받침되지 않는 한 기본적으로 지속 가능하지 않다. 가계 부채 증가가 가계의 소득과 소비를 억압하여 성장의 둔화 및 정체, 가계 소득(일자리)의 정체로 이어지면서 시한폭탄 같은 가계 부채의 위험성이 현실화되고 있기 때문이다.

앞에서 소개했듯이 (상위 30%에서 하위 30% 사이에 있는) 이른바 중산층의 소득은 매우 취약하다. 이들이 대출받아 주택을 구입했을 때는 저금리에 따른 이자 비용을 감당할 수 있고, 집값이 오르면 팔아 차익 실현이 가능할 것으로 판단했다. 그런데 물가 급등과 이자율 상승 등으로 실질 가처분소득이 감소하면서 생존 압력을 받고 이자조차 상환이 어려워지자 매물로 내놓고 심지어 경매로 넘기고 있다. 부동산 시장의 하방 압력이 시작한 것이다. 결국 부동산 카르텔 공화국은 유동성을 공급하고 주택담보대출을 계속 부추겨 부동산 경기를 떠받치며 가계 부채를 계속 키울 것인지, 아니면 가계 대출 급증에 따른 부실화 우려로 주택담보대출을 제한하여 부동산 시장의 냉각을 수용할 것인지의 갈림길에 놓여 있는 것이다.

예를 들어, 2023년 11월 23일 통계청이 '3/4분기 가계동향 조사'를 발표하자 언론들은 "3분기 가계실질소득 0.2% 늘었다…5분기 만에 증가전환"(《연합뉴스》)이라는 제목으로 이를 보도했다. 1년 전인 2022년 3/4분기의 실질소득에 비해 약 1만 원(0.2%)이 증가했다. 그런데 이는 기저효과에 의한 착시 현상이었다. 2년 전인 2021년 3/4분기에 비해 약 12만 원이나 감소한 상태였기 때문이다. 가계 실질소득은 윤석열 정권이 집권한 2022년 2/4분기 이후부터 감소세로 전환했고, 그에 따라 가계 지출(=가계 소비지출+가계 비소비지출)의 구성에도 변화가 일어났다. 2023년 3/4분기에 가계실질소득은 2년 전인 2021년 3/4분기에 비해 약 3%(12만 원) 감소했으나 가계 지출은 오히려 4만 4,000원 증가했다. 교육비 12% 상승과 교통비 8% 상승 등 소비지출이 2만 7,000원 이상 증가했고, 무엇보다 금리 상승에 따라 이자 비용이 36.4%(3만 684원)나 증가한 결과였다.

　가계는 지출 증가를 식료품비 지출 축소(약 4만 5,000원 축소)로 대응했으나 역부족이었다. 가계의 처절한 싸움은 2년 동안 67.4%에서 70.7%로 크게 증가한 소비성향에서도 잘 드러났다. 교육비와 교통비 등의 소비지출 증가 속에 이자 비용 증가로 가처분소득이 감소한 결과였다. 게다가 소득 축소로 (미래 소득인) 연금기여금조차 줄었다. 이러한 상황에서 가계가 부채를 동원해 부동산시장을 떠받쳐주기는 어렵다. 약 40조 원의 정책주택금융(특례보금자리론) 투입과 PF 대출 부실화를 막기 위한 (대출 만기 연장과 이자 상환 유예 등) 금융지원은 바로 부동산 모래성의 균열이 커지는 것을 막기 위한 응급조치였다.

　그러나 (민간의 주택수요 회복을 끌어내야 하는) 정책주택금융의 마중물 효과는 실현되지 않았고, 태영건설의 워크아웃으로 대형 건설사조차 프로젝트 파이낸싱Project Financing, PF 대출 부실화에서 자유롭지 않음을 보여주었다. 정부는 (저출산 대책으로 포장한) 2차 정책주택금융(신생아특례론)을 약 27조 원 투입, 올해(2024년) 상반기에 예산 75% 배정과 대규모 토목건설사업, 그리고 건설사 및 금융사 지원 규모 확대로 무너지는 부동산 모래성 방어에 총력전을 펼치는 중이다. 참고로 정책주택금융 규모는 통계를 집계한 2007년부터

2022년까지 연평균 3.0%로 증가했으나 2023년에는 4.2%로 증가 했다. 그러나 결론부터 말하면 정책 목표는 실패할 수밖에 없다.

첫째, 시장은 특례보금자리론으로 마중물 효과를 만들지 못한 것을 목격했기 때문이다. 특례보금자리론과 비교할 때 신생아특 례론은 5년간 725~350만 원(연 1,450~700만 원)의 이자 혜택을 준 다. 문제는 지난 2023년에 전국 주택가격과 아파트가격이 평균 각각 4.6%와 6.7% 하락했는데 이는 금액으로 환산하면 9억 원 주택 기준으로 4,140만 원과 6,030만 원에 해당한다. 1,450만 원 이자 혜택을 보기 위해 6,000만 원 넘는 부동산 가격의 하락을 감 내할 사람은 없다. 일본은행이 1990년대 초 8%대였던 콜금리를 공격적으로 인하하여 90년대 중반에는 1% 밑으로, 그리고 90년 대 말부터는 사실상 제로금리를 도입했어도 주택가격 하락을 막 지 못한 이유이다.

둘째, 토목건설사업으로 건설회사를 구제하기도 어렵다. 대한 민국의 고질병 중 하나는 정책조차 창의성이 없다는 점이다. 현 재 윤석열 정부가 추진하는 대책들은 1990년대 초 일본의 자산 거품 붕괴 후 대책과 동일하다. 일본 역시 일본은행의 대규모 토 목건설사업을 전개했지만 이는 정부 부채 급증으로 이어졌을 뿐 이다. 건설국채 순발행액을 보면 1980년대 후반에는 27조 엔 증 가했으나 90년대 전반에는 무려 그 2배가 넘는 57조 엔에 달했 다. 90년대 후반에도 52조 엔에 달했다. 그 결과가 일본 정부의 부채 급증이다.

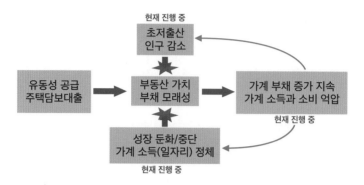

지속 불가능한 부채 모래성 생태계

셋째, 금융지원은 좀비기업을 양산할 것이다. 일본 역시 어려운 고비를 넘기면 정상화되리라 기대하면서 금융 지원으로 연명시켰으나 결과는 좀비기업 급증과 생산성 둔화, 그리고 '잃어버린 10년'이었다. 기업의 원화 부채를 극단적으로 한국은행이 돈을 찍어내 막을 수 있다손 쳐도 이는 건설투자가 과잉인 상태에서 돈의 비효율적 배분을 초래하고, 그 결과 식물경제로 전락할 가능성이 크다. 일본이 엄청난 비용을 지불하고 나서야 1999년부터 산업 구조조정을 추진한 배경이다.

문제는 한국의 경우 1990년대 일본보다 상황이 더 어렵다는 것이다. 성장 엔진이 빠르게 식고 있고, 금리의 조기 인하도 어렵기 때문이다. 또 다른 문제는 시장이 이 상황을 정부가 동원할 수 있는 카드의 소진으로 해석할 경우 이른바 공포 확산 국면으로 진입할 수 있다는 점이다. 가계 부채를 숙주로 삼는 부동산 카르텔 공화국의 종언은 예정된 것이다.

가계 부채 증가는 중단될 수밖에 없는 반면, 그 순간 부동산 자산가치의 하락 → 부채 구조조정의 강제 → 부동산 투매Fire sale와 파산 → 소비와 경기 침체 → 일자리와 가계 소득의 악화 → 부동산 자산가치의 수직 하락이라는 악순환을 겪게 될 수밖에 없다. 이는 한국 경제가 2023년 스태그플레이션에서 2024년 말에는 디플레이션 국면으로 전환될 수도 있음을 의미한다. 이것이 부채 모래성의 필연적 결과이고 자연의 순리이다. 한국 사회는 좋든 싫든 부채 모래성을 무너뜨리고, 즉 부동산 카르텔 공화국과 결별하고 새로운 집을 지을 수밖에 없는 상황을 맞이할 것이다.

자본의 하수인,
모피아

    대한민국의 공공영역에서 가장 권한이 집중된 곳은 공적 물리력의 집행기구인 검찰과 공공자금의 배분을 결정하는 기재부이다. 과거 권위주의 군사정권은 이들보다 강한 물리력을 가진 탓에 이들을 통제하여 지배 도구로 삼았다. 그런데 역설적으로 민주화 이후 선출 권력은 법에 의한 지배를 하기에 검찰과 기재부에 대한 통제는 느슨해졌다.

    게다가 군사정권 시절 경제기획원과 재무부로 이원화되었던 오늘날의 기재부는 (정부 주도 개발을 부정시했던) 문민정부에서 오히려 재정경제원으로 통합되면서 권한이 더 집중되었다. 선출 권력의 공적 기구에 대한 통제력은 약화했으나 역설적으로 경제관료의 권한은 더 강화된 것이다. 특히 (가능한 국무총리의 권한을 최대한 존중하려는 민주정권에서 사실상 내치를 책임지는) 국무총리를 보좌하며 국정 전반을 총괄하는, 즉 정부의 각 부처를 통할하고, 주요 정책을 기획·조정하고, 규제 개혁 및 정부 업무평가 등의 업무를 담당하는 핵심 국정운영 기관인 국무조정실의 실장(장관직)을 경제관료가 장악하게 된 배경이다. 역대 국무조정실장을 보면, 멀리 가지 않고 박근혜 정권에서 김동연-추경호-이석준이 모두 기재부 출신이고, 문재인 정권에서 홍남기-노형욱-구윤철이 기재부 출신이고, 윤석열 정권에서 방문규부터 현재(2023년 12월)의 방기선까지 모두가 기재부 출신이다.

국무조정실이 (대한민국 모피아가 본격적으로 부상한) 김대중 정부에서 만들어진 것도 주목해야 한다. 김대중 정부와 노무현 정부에서 예산 부문을 재정경제부에서 분리했지만 (모피아 사고에 젖어 있는) 경제관료가 장악하는 한 공공금융에 대한 사고는 처음부터 기대할 수 없었다. 노무현 대통령이 '균형재정' 신화에 갇혀 있는 '(경제)관료에 포획'되어 예산을 장악하지 못한 후회를 퇴임 후 토로한 배경이다. ("이거 하나는 내가 좀 잘못했어요. 내가 잘못했던 거는 오히려 예산을 가져오면 색연필 들고 '사회정책 지출 끌어올려' 하고 위로 쫙 그어버리고, '여기에서 숫자 맞춰서 갖고 와' 이 정도로 나갔어야 하는데. (…) 지금 생각해보면 그래요. 그래 무식하게 했어야 되는데 바보같이 해서…." 노무현, 《진보의 미래》 중에서)

그 결과가 오늘의 공룡 기재부이고, '사실상 기재부의 나라'가 된 것이다. 현재 정부조직법 27조 ①항은 기재부 장관의 권한을 **"중장기 국가발전전략수립**, 경제·재정정책의 수립·총괄·조정, 예산·기금의 편성·집행·성과관리, 화폐·외환·국고·정부회계·내국세제·관세·국제금융, 공공기관 관리, 경제협력·국유재산·민간

투자 및 국가채무에 관한 사무를 관장한다"고 규정하고 있듯이, 오늘날 기재부는 사실상 정부 전체를 장악하고 있다고 말해도 결코 과언이 아니다.

중장기 국가발전전략 수립이 바로 정부 주도 개발을 추진한 군부 권력의 경제기획원 권한이고, 예산 편성권은 김대중·노무현 정권의 기획예산처 권한이다. 또한 내국세제 권한으로 부동산 관련 세제를 매개로 국토교통부의 부동산 정책에 개입하고, 화폐 업무로 한국은행을 관리하고, 외환 업무 포함 국제금융 사무와 (사실상 국무조정실장의 코치를 받는 국무총리의 통제를 받고 기재부 차관이 당연직 금융위원회 위원인) 금융위를 사실상 관리한다. 한국은행이 모피아의 '남대문 출장소'로, 금융위-금감원이 '여의도 출장소'로 불리는 배경이다. 그리고 산하에 국세청, 관세청, 조달청, 통계청 등 4개나 되는 청을 갖고 있는 부서이다.

막대한 권한으로 경제 관련 부서의 장도 쉽게 차지한다. 박근혜 정권에서 국토교통부 3대 장관을 지낸 강호인이, 그리고 문재인 정권에서 6대 국토교통부 장관을 지낸 노형욱이 기재부 출신이다. 산업통상자원부 역시 마찬가지이다. 김영삼 때 장관을 지낸 박재윤과 임창열, 김대중 때 장관을 지낸 정덕구, 노무현 때 장관(산자부)을 지낸 윤진식과 김영주, 이명박 때 장관(지식경제부)을 지낸 최중경과 최경환과 이윤호, 박근혜 때 장관을 지낸 주형환, 윤석열 때 장관을 지낸 방문규 등이 모두 기재부 출신이다. 심지어 예산 배분 권한으로 정부 조직의 숱한 기관장 자리까지 차지하곤 한다. 예를 들어, 기재부 관료 출신 조봉환은 중소벤처기업부 실장직을 거쳐 산하 공공기관인 소상공인시장진흥공단의 3대 이사장을 지냈다.

사실, 기재부 권한은 일반 국민의 상상을 초월한다. 예산 심의를 하는 국회의원들도 지역구 예산 배정을 결정하는 기재부 권한에서 자유롭지 못하다. 대통령실 경제비서관이나 정책실도 기재부 사정권에 놓여 있다. 문재인 정권에서 '어공('어쩌다 공무원이 된 사람'이라는 뜻으로 별정직 관료를 지칭)'인 홍장표 경제수석이 2018년 6월 사실상 경질된 후 윤종원·이호승·안일환 등 경제관료(늘공, '늘 공무원'이라는 뜻으로 직업 관료를 지칭)가 경제수석을 장악했듯이 경제관료 조직은 사실상 선출 권력조차 좌지우지한다.

한국 사회에서 경제관료의 권한을 상징하는 용어가 바로 '모피아'이다. 모피아는 과거 재무부MOF와 마피아Mafia를 합성한 말이다. 재무부 출신 경제관료들이 정계, 금융기관 등 다방면으로 뻗어나가면서 그들의 이익, 곧 개인과 조직의 사익을 위해 국가 경제정책을 뒤흔든다는 비판이 담긴 말이다.

모피아의 폐해는 금융 기능을 모두 시장에 맡겨버린 데서 출발한다. 세계 어느 나라에도 없는 일이 (당시 정경유착과 관치금융 등이 지배적 담론으로 형성될 정도로 경제 운용에서 정부의 주도적 역할을 부정하는 분위기 속에서 시장 중심으로 재편했던) 김영삼 정부에서 싹을 보이기 시작했고, 외환위기를 계기로 김대중 정부에서 완성되었다. 미국에서도 없는, 즉 월가 자본의 요구를 사실상 모두 수용한 결과였다. 그 중심에는 (김대중 정권 출범 때부터 은행감독원장과 증권감독원장을 거쳐 초대 금융감독원장을 지냈고, 이어서 재정경제부 장관을 김대중 정부와 노무현 정부에서 역임한) 이헌재를 필두로 하는 경제관료가 있었다.

2011년 2월 저축은행 7개에 대해 영업정지 처분을 내리면서 시작된 이른바 '저축은행 사태'의 여파가 계속되는 가운데 2012년 7월 금융감독원 공채 직원 600여 명이 저축은행 사태에 대해 당시 금융감독원장인 권혁세 등 모피아를 수사하고 책임을 물어야 한다는 주장을 펼친 적이 있다. 당시 금융감독원 노조는 "모피아를 정리하지 않으면 어떤 정부가 와도 경제정책은 이들이 원하는 대로 휘둘린다"고 주장했다. 2001년 8월 IMF에서 빌린 195억 달러를 모두 상환함으로써 4년 만에 졸업했다고 말하지만, 실상을 보면 대한민국은 월가 자본의 수중에 떨어졌고, 이 작업을 수행한 것이 모피아였다.

모피아는 퇴직 후에도 금융계와 정치계 등을 넘나든다. (앞에서 소개했듯이) 특정 정당 및 정권과도 관계없다. 김진표는 그 상징이다. 그는 김대중 정권에서 재정경제부 차관, 청와대 정책기획수석, 국무조정실장을 거쳐 노무현 정권의 인수위 부위원장, 초대 재정경제부 장관, 교육부 장관을 지냈다. 이후 국회 진출을 위해 열린우리당 정책위 의장을 거쳐 18대부터 국회에 진출한 그는 문재인 정권에서 국정기획자문위원회 위원장과 더불어민주당 부동산특별위원회 위원장을 거치고 21대 국회 후반기 의장까지 차지하고 있다. 노무현과 문재인 정권에서 부동산정책이 성공할 수 없었던 이유를 극명하게 보여준다. 현재 윤석열 정권의 국무총리인 한덕수는 김대중 정권의 경제수석과 노무현 정부의 재정경제부 장관을 지냈다. 초대 기재부 장관을 역임한 추경호는 김대중 정권의 대통령직 인수위원회 인수위원을 한 후 김대중 정권 초기부터 대통령비서실 경제수석 비서관실과 정책기획수석 비서관실에서 근무했다.

이처럼 "정권은 유한하지만, 모피아는 영원하다"라는 말이 나올 수 있었던 것은 '모피아' 자리에 '자본'을 대입하면 이해가 된다. 모피아는 한국 사회에서 재벌 자본과 금융 자본(월가 자본)으로 상징되는 '돈의 힘'을 신봉한다. 전술했듯이, 힘이 시장(자본)으로 넘어갔기 때문이다. 물리력으로 통치하던 군부독재 시대에는 시장(자본)이 전근대적 방식인 물리력으로 통제되었다. 그런데 군부독재의 종식과 더불어 시장(자본)에 대한 통제 자체가 해체되었다. 물리력에 기초한 통제 방식을 (공공금융 성격이 더 강화되는) 사회적(민주적) 통제 방식으로 바꾸어야만 했다. 김영삼 정권의 역사적 과오였다. 김영삼 대통령은 본인 입으로 시인했듯이 경제에 문외한이었을 뿐 아니라 금융에는 문맹 수준이었다. 오히려 (미국인보다 더 미국적으로 사고하는 사대적 지식인의 주장을 수용하여) 노태우 정권에서도 최대한 늦추려 했던 금융 자유화와 자본시장 개방을 적극 추진하면서 재벌 자본의 운신의 폭을 넓혀주고, 자청해서 대한민국을 월가 자본의 먹잇감으로 바쳤다.

외환위기 이후 김대중 대통령은 전통 산업들에 대한 이해는 어느 정도 있었으나, 역시 금융에는 문외한이었다. 대한민국에서 첫 번째 가계 부채 사태인 '카드 사태'가 김대중 정권의 작품인 배경이다.

2000년 4월부터 미국의 닷컴버블은 붕괴 조짐을 나타냈고 2분기부터는 미국 경제성장률도 꺾이기 시작하며 우리의 수출은 위기를 맞는다. 외환위기 이후 무역 흑자를 통한 달러 확보는 절대적 과제로 부상했고, 극심한 구조조정으로 내수가 매우 취약해진 상태에서 세계 경제성장을 주도하는 미국 경제의 침체는 한국 경제에는 비상사태였다. 김대중 정부의 경제팀이 선택한 카드는 '내수 부양책'으로 포장됐지만, 그 내용은 가계가 빚을 내서 소비하고 집을 사게 하는 '부채주도성장Debt-driven growth' 방안이었다. 나이가 있으신 독자들은 기억할 것이다. 길거리마다 카드 모집인이 즐비했던 풍경을…. 필자가 속한 대학의 지하철역에서 나오면 길거리에 카드 모집인이 (신용 수준이 낮은) 대학생들을 상대로 카드를 발급하는 모습을 오랫동안 볼 수 있었다. 당시(2000년) 김대중 정권의 재정경제부 장관이었던 '이헌재표 내수부양책'이었다.

내수부양책으로 카드활성화 정책과 더불어 (외환위기 이후 건설 경기 부양을 위해 추진된) 부동산 규제 완화가 2000년에도 확장되었고, 심지어 1가구 다통장 보유 가능과 각종 세제 혜택 등이 추가되었다. 그 결과는 (정부 공식 집계로 파악된 규모로만) 380만 명의 신용불량자 양산과 부동산 가격의 급등이었다. 특히 2002년 한 해

동안 아파트값은 서울 45.0%, 신도시 25.1%, 수도권 23.0% 등 전국적으로도 22.5%의 상승률을 기록했다. 1999년 말 GDP 대비 45.1%(267조 원)였던 가계 부채는 2002년 말에는 64.0%(502조 원)까지 급증했다. 반면 같은 기간 정부 채무는 GDP 대비 9.3%에서 9.7%로 거의 증가하지 않았다. 공공금융의 역할 없이 가계 희생으로 재벌 건설 자본과 금융 자본의 배를 불려준 것이다.

2003년 카드 사태는 (정권 첫해에 핵심 개혁 과제를 추진해야만 하는) 노무현 정권에 커다란 부담이 되었다. 2003년 1분기 성장률은 직전에 비해 반토막이 나고 3분기까지 자유낙하 하듯이 하락했다. 노무현 정권을 탄생시키는 데 1등 공신 역할을 했던 한 유명 인사(?)는 당시 카드 사태는 김대중 정부에서 만든 것인데 노무현 정부가 뒤집어썼다며 억울함(?)을 토로했다. 그런데 카드 사태는 노무현 정권에게는 양날의 검이었다. 2000년 9.1%에서 2001년 4.9%로 급감했던 성장률은 가계 부채 기반의 부양책 덕분에 (대통령 선거가 있었던) 2002년 7.7%로 반등하며 노무현 후보 당선에 도움이 된 측면이 있었고, 부양책 후유증(카드 사태)으로 임기 첫해 3.1%로 성장률이 급감했기 때문이다.

카드 활성화 대책이나 부동산·건설 경기 부양 모두 금융 및 재벌 자본의 이익과 직결되는 것이었다. 이처럼 김대중 정부 때부터 가계 부채는 (재벌과 금융 자본의 동맹인) 부동산 카르텔의 숙주 역할을 하기 시작했다.

모피아의 핵심 인물들이 주도한 론스타의 외환은행 인수합병

승인 및 매각 과정의 상당 부분이 노무현 정권에서 진행된 것도 마찬가지이다. 저축은행 사태도 그 시작은 2001년 김대중 정부가 상호저축은행에 대한 규제를 대폭 완화하면서 저축은행의 PF 등 고위험 상품에 대한 대량 투자가 가능해지면서였다. 미국에서 저축은행 관련 규제를 완화한 1982년 레이건 정부의 '간-세인트 저메인 법Garn-st. Germain Act'이 미국 저축대부조합S&L 사태의 원인으로 작용한 사실을 알고 있음에도 자본의 근시안적 이익 추구와 정권의 선거용 경기부양 욕망이 눈을 멀게 한 것이다. 심지어 PF 대출이 위험수위에 이르렀다는 경고가 2006년부터 금감원에서 나왔으나 이명박 정부의 모피아들은 부실 저축은행 인수만 지원하고 규제 강화는 방치했다. 그리고 외부 충격인 2008년 금융위기가 발발하자 부실이 수면 위로 부상했고, 끝내 숱한 희생자를 만들어냈다.

이처럼 돈의 힘이 공적 권한을 지배하고, 공공영역이 공적 역할 수행보다 자본의 수족이 되면서 한국은 '부동산 카르텔 공화국'이 되고 말았다. 앞에서 지적했듯이, 구체적으로 재벌(건설) 자본과 금융 자본을 중심으로 공적 영역에서는 모피아와 검찰 권력이, 사적 영역에서는 언론과 대형 로펌, 심지어 조폭 등이 연결망을 구성했다. 기재부를 중심으로 기재부의 직간접 영향력 아래 있는 국토부-한국은행-금융위원회-국세청 등이 재벌(건설) 자본과 금융 자본의 이해를 정책적으로 지원하고, 언론은 유리한 여론을 조성해주고, 검찰과 대형 로펌들은 법적 방어막 및 지원 역할을 한다. 그 대가로 퇴임 후 재벌기업과 대형 로펌, 금융회사 등을 비롯해 유관기관의 자리를 꿰차고 로비하다가 다시 공직으로 돌아오기도 한다. 이른바 '회전문 인사'가 오래전에 만들어진 배경이다. 또한 재벌 건설회사와 금융회사는 언론과 대형 로펌의 주요 수입원이자 고객 역할을 한다. 재벌과 건설회사는 언론을 직접 소유하기도 한다. 부동산 카르텔이 정권 위에 존재하는 이유이고, 이 카르텔의 공적 대변기구인 모피아가 정권을 넘나드는 이유이다.

모피아의 뿌리에 해당하는 이헌재와 강만수 등이 김대중-노무현-이명박 정부에서 주요 정책을 좌우했듯이 권력의 성격과 모피아는 관계없다. (앞에서 소개했듯이) 윤석열 정부의 초대 기재부 장관인 추경호가 김대중 정부 출범 인수위원회 인수위원이자 김대중 대통령 경제비서관을 지냈고, 이명박 정부의 윤증현은 노무현 정부의 금융감독위원장을 지낸 후 김앤장에 있다가 이명박 정부에서 기재부 장관을 역임했고, 이명박 정부와 박근혜 정부의 핵심 경제전략을 만들었던 김동연과 홍남기가 문재인 정부의 전후반 기재부 장관을 지냈고, 한덕수가 김대중 정부에서 경제수석, 노무현 정부에서 재경부 장관을 지내고 김앤장에 머물다가 윤석열 정권에서 다시 돌아왔다. 민주당 정권이나 국민의힘 정권이나 핵심 경제정책에서 큰 차이를 보이지 않는 이유이다.

모피아는 심지어 공적 자원의 사유화에도 거리낌이 없다. 다음은 2022년 8월 15일자 〈MBC 뉴스데스크〉의 보도 내용이다.

"새 정부 들어서 공기업들에 대한 압박이 거세지고 있습니다. 기획재정부가 나서서 공공기관들의 경영이 방만하니까, 가지고 있는 사옥 건물이나 땅을 팔라고 압박하고 있는데요. 그런데 이런 일이 처음이 아닙니다. 박근혜 정부 때도 기획재정부가 공공기관들에게 자산을 팔라고 했고, 실제로 한국석유공사가 사옥을 팔았습니다. 그런데 이 건물을 누가 샀는지, 이 거래로 누가 이익을 얻었는지, 저희가 취재를 해봤더니, 기획재정부 관료 출신들이 만든 부동산 투자 회사였습니다."

노태우 정부에서 재무부 장관을 지냈던 이규성은 김대중 정부의 초대 재정경제부 장관으로 등용된다. 공직에서 물러난 후 2001년 일종의 사모펀드인 코람코(KORAMCO, 한국부동산자산관리회사) 설립을 주도한다. 코람코의 회장을 장기간 역임하는 중에도 이규성은 2004년 노무현 정부의 국민경제자문회의 부의장(의장은 대통령)도 역임한다. 2010년에는 코람코자산운용사도 설립한다. '작은 정부'를 내세운 박근혜 정부 들어 공공기관 민영화가 추진되며 박근혜 정부의 기재부는 이명박 정부의 자원외교 실패로 부채가 급증한 석유공사 매각을 추진한다. 석유공사 매각은 자본의 하수인 역할을 넘어 스스로 공적 자원을 사유화하는 모피아의 탐욕을 보여준다. 앞의 MBC 보도를 그대로 인용하는 것이 독자들에게는 더 실감이 날 것이다.

"울산의 23층짜리 새 건물. 한국석유공사 사옥입니다. 공기업 지방 이전에 따라, 2014년 1,860억 원을 들여 새로 지었습니다. 하지만 지금은 주인이 따로 있습니다. 석유공사가 팔았기 때문입니다. 한국석유공사는 지난 2017년 이 울산 신사옥을 민간 회사에 매각한 뒤, 재임차해 쓰고 있습니다. 지난 5년 동안 낸 임차료만 480억 원에 이릅니다. (…) 석유공사는 왜 완공 3년도 안 된 새 건물을 팔고, 셋방살이를 시작했을까? 박근혜 정부 때 기획재정부가 공기업들의 부채를 줄이겠다며, 자산을 팔라고 지시했기 때문입니다. (…) 석유공사는 꼭 사옥을 팔아야 했을까? 지난 2018년 감사원은 석유공사가 사옥을 판 게 잘못됐다는 감사 결과를 내놨습니다. 건물을 팔고 셋방살이로 들어가는 바람에, 임차료 등으로 15년 동안 585억 원을 손해볼 거라고 밝혔습니다. 그럼 건물을 사들인 건 누구일까? 코람코자산신탁이라는 회사입니다. 코람코는 1980년대 말과 90년대 말 두 번이나 재무부 장관을 지낸 이규성 씨가 설립해 초대 회장을 맡았습니다. 2대 회장은 금감원 부원장 출신 이우철 씨, 현 3대 회장은 금감위 부위원장 출신 윤용로 씨입니다. 역대 회장 세 명이 모두 재무부 관료 출신. 현 기재부 출신들이 주축인 회사입니다. 코람코는 이 건물을 사서 석유공사에 다시 임대해주고, 지난 5년 동안 안정적으로 매년 96억 원의 임대 수익을 올렸습니다. 코람코자산신탁이 100% 출자한 자회사 코람코자산운용. 이사진 가운데 눈에 띄는 인물이 보입니다. 유일호 사외이사입니다. 공기업 부채를 줄이기 위해 공기업 자산을 팔라고 했던 박근혜 정부 기획재정부의 마지막 수장입니다. 유 씨는 2017년 퇴임한 뒤, 올해(2022년) 3월 사외이사로 이 회사에 합류했습니다."

석유공사는 본사 건물을 2,000억 원에 매각하고, 매각 대금을 부채 상환에 사용하지도 않고 사업비와 정기예금 등으로 운용했다. 건물 매각 후 임대하며 지불한 임대료율은 4.87%였다. 그런데 석유공사가 자금이 필요해 조달할 때의 조달비용, 이른바 석유공사 채권 이자율은 2.67%에 불과했다.

정부 채무 겁박론은
가짜뉴스

　정부 채무, 재정 적자 등 국가 재정건전성 지표가 일정 수준을 넘지 않도록 관리하는 규범을 일컫는 '재정준칙' 도입의 논란을 정리하려면 먼저 정부 채무에 대한 이해가 필요하다. 재정준칙을 도입하려는 집단이 내세우는 가장 원초적인 논리가 '정부 채무 겁박'론이기 때문이다.

　'겁박'이라는 표현을 사용하는 이유는 이 논리와 주장이 잘못됐고, 거짓이기 때문이다. 문제는 이 겁박론의 중심에 윤석열 대통령이 있다는 점이다. 윤석열 대통령은 반복적으로 강조해왔다. 문재인 정부에서 정부 채무를 400조 원이나 증가시켜 윤석열 정부가 정부 채무 '1,000조 원'을 떠안았는데 이는 '납세자(국민)에 대한 사기행위'이자 '미래 세대에 대한 착취행위'라는 것이다. 채무는 개념상 미래 소득을 당겨쓴 것이고, 정부 채무는 국민(납세자)이 부담할 수밖에 없다는 점에서 미래 세대인 청년이 떠안아야 할 빚이 1,000조 원이라고 겁박하는 것이다.

1,000조 원은 일반인이 상상할 수 없는 액수이다. 정부 채무 1,000조 원은 (정부 채무에 대한 내용을 제대로 이해하지 못하고 자기들이 부담해야 할 몫이라고 생각하는) 미래 세대 청년에게 상당한 반감을 일으킬 뿐 아니라 상당수의 고령층에게도 자기 자녀들에게 너무 큰 부담을 준다며 전임 문재인 정권에 분노를 쏟아낸다. 그러나 이러한 주장은 정부 채무의 규모에 대해 잘못된 자료에 기초한 사실상 가짜뉴스이다. 정부 채무 겁박론자들이 가짜뉴스를 만드는 이유는 외환위기 트라우마를 가진 우리나라 국민에게 채무는 부정적 의미를 갖기 때문이다.

무엇보다 정부 채무의 성격에 대해 바로 이해하자. 첫째, 경제학에서 채무Debt 혹은 부채Liability에는 '시점 간 자원의 효율적 배분'을 돕는 긍정적 기능도 존재한다. 가계의 경우(예: 가정의 달) 가계 수입보다 지출을 더 많이 해야 하는 때가 있는데 이때 채무(미래 소득 당겨쓰기)를 사용하고 나중에 지출을 줄여 가계 예산을 합리적으로 운영하는 것이 가계 전체의 효용(행복)을 극대화할 수 있다. 마찬가지로 기업도 투자 적기가 있는데 자기자본만으로 투자를 실행하지 못할 때 부채를 동원하여 투자를 집행하는 것이 자기자본이 확보될 때까지 투자를 미루는 것보다 수익을 극대화할 수 있기 때문이다.

둘째, 채무와 부채는 다른 개념이다. 부채는 자신의 재무적 모든 책임을 아우르지만, 채무는 미지불된 차입금과 관련된 책임이다. 즉 부채가 채무보다 넓은 개념이다. 쉬운 예를 하나 들어 그 차이를 보자. 3명의 직원을 고용하여 레스토랑을 운영하는 사업장 주인에게 3명의 직원 급여는 부채이지만 채무는 아니다. 그리고 이 부채는 사업장 주인에게 수입도 만들어 주는데 이때 수입은 고려하지 않는다.

우리 사회에서도 매년 4월 초가 되면 정부 채무와 국가 부채 차이로 홍역을 앓는다. 정부 채무 1,000조 원을 이야기해왔는데 4월이면 국가 부채 2,000조 원 이야기가 튀어나온다. 채무와 부채의 차이를 모르는 국민은 혼란스럽다. 일부 고약한 언론은 이를 정부 채무 겁박론의 한철 장삿거리로 삼기도 한다. 매년 4월에는 전년도 지출 예산에 대한 결산을 시작한다. 〈국가결산보고서〉에는 국가 재정과 관련한 정부 채무와 더불어 국가의 자산과 부채가 정리된 국가 재무제표도 포함되어 있다. 여기서 정부 채무와 국가 부채가 동시에 등장한다. 결정적인 차이는 국가 부채에는 정부 채무 같은 확정 부채와 더불어 연금(충당부채) 같은 확정되지 않은 부채(비확정 부채)도 포함된다.

먼저 IMF의 회계기준은 비확정 부채를 정부 채무에 포함하지 않는다. 무엇보다 여기서 연금충당부채는 향후 약 70년 이상에 걸쳐 공무원에게 줄 연금 추정액을 현재 시점에서 미리 계산한 금액으로 (앞의 레스토랑 직원이 레스토랑에 벌어줄 수입은 고려하지 않고 나갈 급여만 부채로 간주했듯이) 70년간 공무원이 납부할 연금 수입은 고려하지 않은 것이다. 게다가 중간에 연금제도의 변화 가능성도 고려하지 않는다.

그리고 정부 채무는 민간 채무와 다른 점이 있다. 기본적으로 정부는 국가가 소멸하지 않는 한 죽지 않고 수입(세금)이 계속 발생하는 조직이기에 이자만 갚고 원금은 차환할 수 있다. 앞서 살펴봤듯이, 영란은행의 주요 기능 중 하나를 정부가 필요한 자금을 조달해 주는, 이른바 정부 금고 역할로 규정한 이유이다. 즉 정부는 지출 및 채무에 대한 이자를 안정적으로 관리할 정도로 세수를 확보할 수 있으면 된다. (이와 관련해서는 앞서 1장에서 언급한 폴 크루그먼과 아베 전 일본 총리의 말을 참고해주기 바란다.)

앞에서 말했듯이, 민간 은행이었던 영란은행이 공공금융 지원을 떠안은 이유는 은행의 사업모델에 근본적 제약 요인이었던 (개별 은행권을 금으로 교환해주어야 하는) 금태환 장애물을 제거할 수 있었기 때문이다. 이 과정이 바로 '법정 불환화폐Fiat money', 즉 신용화폐의 창조과정이다. 금·은 등 본위화폐(정화, 태환화폐, 경화, 실질화폐)와 교환해 줄 필요가 없는 은행화폐(은행권)를 발행할 수 있게 됨으로써 은행의 돈놀이에 족쇄를 풀어준 것이었다. 이러한 큰 혜택을 받았기에 공공금융 지원 역할을 떠맡은 것이다.

그런데 불환화폐(신용화폐)의 가치는 정부가 보증하는 것이다. 정부 보증의 힘은 정부 경제력에서 나오는 것이고, 정부 경제력은 세금 수입에서 나온다는 점에서 (살아 있는 한 세금을 납부하는) 국민 전체가 불환화폐의 가치를 함께 보증한 것이다. 즉 오늘날 사용하는 법정(불환)화폐는 그 사회의 국민 전체가 함께 보증한 신용이다. 출범 때부터 영란은행을 공공선과 인민 이익의 촉진을 위한 정부 은행으로 성격을 못 박은 이유가 여기에 있다. 정부의 재정 자원은 물론이고 모든 국민이 은행시스템의 기본 혜택을 누릴 권리가 있는 이유이다. 소득과 금융에 대한 국민의 기본권이 존재하는 것이다.

이런 점에서 공공금융은 생산과 금융에서의 사회몫을 의미한다. 사실 근대 화폐경제에서 생산과 금융은 분리 자체가 불가능하다. (앞에서 소개했듯이) 공공금융을 '재정'으로 번역한 것은 생산 측면으로 좁혀 잘못 부르는 것이다. 금융을 민간금융만으로 축소한 금융 자본의 이해를 반영한 개념이다.

다시 한번 정리하자. 근대 사회의 최대 사회적 발명품은 민주주의와 법정 불환화폐이다. 서구사회에서 전통(봉건) 시대와 근대 사회의 핵심적 차이는 전자는 물리적 힘(폭력)이 경제적 힘(부)을 결정하는 사회였다. 여기서 가치를 만들어내는 농민은 (일반적으로 거주 이전의 자유가 없는) 예속적 신분(농노)이었다. 당시의 경제력은 생산 농민(노동력)과 토지가 결정했기에 경제적 힘(부)을 확대하려면 보다 큰 물리적 힘(군사력)이 필요했고, 군사력을 강화하려면 경제력 확대가 필요했다. 그런데 경제력 확장을 위한 길은 토지와 토지에 결박된 노동력을 확보하는 길이고, 그것이 영토 확장과 생산 노동력의 예속화를 결정했다. 물리적 힘의 확장 경향이 서구 중세 역사에서 귀족 간 벌어졌던 숱한 전쟁들의 배경이고, 군사력 경쟁의 결과가 절대왕정(권력의 집중)으로 귀결된 배경이다.

다른 한편, 분산된 봉건(지방)권력의 공백지에는 자유도시가 존재했는데, (토지를 지배한 세력이 장악했던, 그리하여 행정 기능을 수행한) 동양 도시와 달리 (토지 지배세력으로부터 자치를 획득한) 자유도시가 된 이유는 도시민 대다수가 상인이고, 상업활동은 이동이 필수적이고, 도시는 (분산된 권력들 사이의) 힘의 공백지이기에 농촌에서 처럼 물리적 지배집단이 없었기 때문이다. 이처럼 도시는 (정치적 자유와 경제적 자유가 기본적으로 제한된 농촌과 달리) 기본적으로 신분상 예속되지 않은 자유로운 시민으로 구성되었고 '정치적 자유'와 사업상 자유로운 이동이 필요하기에 '경제적 자유'를 기본 속성으로 하였다.

한편, 지방권력 간의 경쟁, 나아가 절대왕정 간의 경쟁에서 승리하기 위한 필수조건은 전쟁 자금의 안정적 조달이었고, 그래서 도시 상공업자의 경제적 협조는 매우 중요했다. 국가권력이 농민보다 도시 상공업자, 즉 부르주아를 파트너로 삼은 이유이다. 도시의 정치적·경제적 자유는 경제적 번영과 진보의 동력이었을 뿐 아니라 '모든 사람은 법 앞에 평등'하다는 민주주의 발전의 토대로 작용했다.

그리하여 (앞에서 지적했듯이) 민주주의는 경제적 자유가 수반할 불평등을 완화 혹은 개선하고, 즉 돈의 힘을 견제하고 나아가 국민 대중의 최소한의 생계를 확보하게 하는 힘이었다. 노동의 권리와 민주주의가 공진화한 배경이다. 따라서 민주주의와 시장의 힘 사이의 견제와 균형은 (중앙은행 중심의 은행시스템에서 보듯이) 금융에서 공공금융과 민간금융 간의 견제와 균형을 의미한다. 즉 상공업이 주도하는 화폐경제의 발전에 꼭 필요한 것이 새로운 금융제도였고, 근대 금융시스템을 위한 최대의 혁신이 법정 불환화폐의 창출이었다. 불환화폐가 등장하기 전 전통 시대의 모든 화폐는 금화나 은화 같은 경화硬貨, 정화正貨, 실질화폐, 혹은 적어도 (거래 수단의 불편을 해소하기 위해 도입한) 태환화폐였다.

새로운 가치를 만들어내는 모든 생산활동이 사회적 활동의 성격을 갖듯이 법정 불환화폐 역시 국민이 함께 보증한 사회적 신용이라는 점에서 금융의 기본은 공공금융이다. 불환화폐에는 태생적으로 공공선과 전체 인민 이익에 복무하는 공공금융의 측면과 시장의 팽창(불)에 '기름' 역할을 하는 민간금융 측면이 모두 존재한다.

그러나 민주주의와 정치가 제대로 작동하지 않을 때 돈의 힘의 지배와 경제력 불평등이 심화하듯이, 신용화폐에 기초한 중앙은행 시스템에서 공공금융을 배제할 때, 즉 중앙은행 시스템이 민간금융의 이익만 지원할 때 (오늘날 우리 눈앞에서 펼쳐지는) 극심한 자산 불평등과 '이지 머니(모르핀)에 중독'된 경제로 귀결된다.

이처럼 사회 구성원 모두가 소득과 더불어 신용에 대한 최소한의 권리를 갖고 있음에도 공공금융을 재정으로 축소한 이유는 국민의 경제적 기본권을 축소하기 위한 것이다. 그러나 대한민국 정부조직법(27조 1항)에서 기재부의 업무 중 하나를 '화폐 및 외환에 관한 사무 관장'으로 명기하고 있듯이 중앙은행 시스템의 존재 이유는 공공금융이다. 한국은행이 기재부(거시정책과) 관리하에 있고, 또 기재부가 한국은행에 정부의 경제정책과 조화를 요구(한국은행법 4조 1항)할 수 있는 이유도 한국은행의 최대 권한인 불환화폐 발행에 대한 근본적 권한이 정부에 있기 때문이다. 은행법 제1조(목적)에서 은행의 목적을 "은행의 건전한 운영을 도모하고 자금중개기능의 효율성을 높이며 예금자를 보호하고 신용질서를 유지함으로써 금융시장의 안정과 국민경제의 발전에 이바지함"으로 설정한 이유이다. 그런데 소득과 금융에 대한 기본권을 소득에 대한 기본권으로 축소하고, 여기서 한 걸음 더 나아가 소득에 대한 기본권조차 최소화하려는 것이 바로 재정준칙의 노림수이다. 이런 점에서 재정준칙을 당당히 제기한다는 사실 자체가 정치가 실종되고, 민주주의와 시장 간의 견제와 균형이 무너졌다는 것을 의미한다.

다음으로 정부 채무 겁박론은 국가 채무의 실상을 왜곡한다. IMF 기준을 따르는 기재부의 'e-나라지표'에 소개되어 있듯이, 정부 채무는 중앙정부와 지방정부의 순채무 합으로 구성된다. 기재부는 정부 채무를 적자성 채무와 금융성 채무로 나누고 있다. 2022년 말 기준 정부 채무액 약 1,069조 원은 적자성 채무 678조 원과 금융성 채무 391조 원으로 구성되어 있다.

이 두 채무의 성격을 기재부가 해당 사이트에 소개하고 있는 내용 그대로 소개해보자. '적자성 채무'는 "조세 등 국민 부담으로 상환해야 하는 채무"인 반면, '금융성 채무'는 "정부가 상환할 수 있는 자산을 가진 채무"로 국민 부담이 없는 채무이다. 예를 들어, 외평채(외국환평형기금채권)나 국민주택채권 발행에 의한 금융성 채무는 정부가 확보한 외화 자산 매각이나 융자금 회수 등으로 상환할 수 있기 때문이다.

그래서 2022년 말 기준 국민이 부담할 '진짜' 채무액은 1,069조 원이 아니라 678조 원에 불과한 것이다. 대통령과 언론, 여당 등이 미래 세대를 겁박한 1,000조 원은 391조 원이나 과장한 수치인 것이다.

이와 더불어 윤석열 대통령이 거론한 1,000조 원 수치의 출처 또한 실상을 왜곡하고 있다. 중앙정부와 지방정부 채무의 합으로 구성되는 정부 채무를 기준으로 할 때 1,000조 원이라는 숫자의 배경을 일반 사람은 쉽게 찾을 수가 없다. 대개 연도별로 나와 있는 정부 채무를 기준으로 하면 문재인 정부 마지막 해인 2021년의 정부 채무는 약 971조 원에 불과하기 때문이다. 그런데 국가재정법(91조)에서의 정부 채무는 지방정부 채무를 제외한 중앙정부 채무만을 의미하기에 기재부는 정부 채무를 중앙정부 채무로 혼용하기도 한다. 정권별 정부 채무를 따진다면 중앙정부 채무만을 비교하는 것도 합리적이다.

게다가 정권별 채무 증가액을 비교하려면 월별 데이터가 필요하다. 기재부가 매월 발표하는 〈월간 재정동향〉이 그것이다. 이를 토대로 윤석열 정권 출범 직전인 2022년 4월 기준 정부 채무(중앙정부)가 1,001조 원이었다. 윤석열 대통령은 이것을 가지고

1,000조 원이라 말한 것이다. 그런데 문재인 정권이 출범하기 직전인 2017년 4월의 중앙정부 채무액은 621.3조 원으로 문재인 정권 5년간 중앙정부만의 정부 채무는 약 380조 원(정확하게는 379.7조 원)이 증가한 셈이다. 이것을 반올림해서 400조 원으로 20조 원 넘게 부풀린 것이다. 그리고 앞에서 지적했듯이 380조 원은 금융성 채무 95.4조 원 증가분도 포함된 것으로 문재인 정권에서 국민 부담으로 상환해야 하는 적자성 채무의 증가분은 300조 원이 채 되지 않는다.

이 부분을 강조하는 이유는 2022년 말 기준 한국의 정부 채무는 약 1,069조 원인데 이 중 금융성 채무가 약 391조 원이고, 금융성 채무 중 외환시장안정용 금융성 채무가 271조 원이나 된다. 그런데 (환율 불안정 부담이 적은) 주요 선진국의 경우에는 외환시장안정용 금융성 채무가 거의 없다. 따라서 국민에게 상환 부담이 없는 금융성 채무까지 포함한 중앙정부 채무로, 그것도 정확하지 않은 수치로 국민을 겁박하는 것은 정치적 공세에 불과하다.

게다가 문재인 정부 기간 정부 채무의 증가 규모를 '납세자에 대한 사기행위'라고 한 윤석열 대통령의 비난은 아무리 정치적 발언이라 해도, 한 나라의 대통령 입에서 나올 이야기는 아니다. 문재인 정부 기간 정부 채무 증가 규모에 대한 비난이 전혀 이성적이지 않기 때문이다. 다음 〈표 2〉에서 보듯이 문재인 정부 5년(2017~2021년)간 연평균 정부 채무 약 69조 원, 중앙정부 채무 약 69조 원, 적자성 채무 55조 원 증가했고 이를 박근혜 정

총 변동액(조 원)	2013~2016	2017~2021	2017~2019	2020~2021
정부 채무	183.8	343.8	96.3	247.5
중앙정부 채무	166.8	347.2	107.1	240.1
적자성 채무	95.6	275.0	57.3	217.7
연평균 변동액(조 원)	2013~2016	2017~2021	2017~2019	2020~2021
정부 채무	46.0	68.8	32.1	123.8
중앙정부 채무	41.7	69.4	35.7	120.1
적자성 채무	23.9	55.0	19.1	108.9

출처: 통계청, 정부 채무 현황.

부 4년(2013~2016년)간 연평균 정부 채무 약 46조 원, 중앙정부 채무 약 42조 원, 적자성 채무 약 24조 원과 비교할 때 중앙정부 채무는 연간 약 28조 원, 적자성 채무만 보면 연간 약 31조 원이 더 증가했다. 이 결과만 보면 문재인 정부가 재정을 방만하게 운영했다고 주장할 수 있다.

그런데 모두가 알고 있듯이 문재인 정부의 마지막 2년은 전 세계 모두가 코로나 팬데믹을 겪은 기간이었다. 팬데믹은 경제활동의 인위적 중단 혹은 제한을 강요했고, 경제생태계의 와해 속에 정부가 재정투입으로 대응할 수밖에 없던 기간이었다. 다시 말해, 경제활동을 중단 혹은 최소화할 수밖에 없었고, 그 결과 생존 위기에 내몰린 다수 국민의 경제적 삶을 대다수 정부는 재정 투입으로 지켜주었다. 코로나 팬데믹 기간 동안 대부분 국가에서 정부 채무가 급증한 이유이다.

그래서 팬데믹 기간을 제외하고 박근혜 정부와 문재인 정부의 정부 채무 증가를 비교하면 전혀 다른 평가가 나온다. 문재인 정부에서 정부 채무와 중앙정부 채무, 적자성 채무 모두 각각 연평균 약 32조 원, 36조 원, 19조 원으로 박근혜 정부 때의 약 46조 원, 42조 원, 24조 원보다 훨씬 낮았음을 알 수가 있다. 이는 GDP 대비 변동폭으로 비교해도 마찬가지 결론이 나온다. 박근혜 정부 4년과 문재인 정부 5년의 연평균 GDP 대비 변동폭은 1.3%p와 2.2%p로 문재인 정부 때 정부 채무가 GDP 대비로도 크게 증가했지만, 기간을 나누어 팬데믹 전후 기간으로 분리하면 팬데믹 이전 기간에서는 문재인 정부의 정부 채무 증가 변동폭이 박근혜 정부 때의 절반도 되지 않음을 알 수가 있다.

따라서 정부 채무 변동을 합리적으로 비교하려면 팬데믹 기간 문재인 정부의 정부 채무 증가가 다른 주요국과 비교해 얼마나 증가했는가를 평가할 필요가 있다. 〈표 3〉에서 보듯이 중앙은행의 허브인 국제결제은행에서 보고하는 42개국 중 한국은 25위였다. G7 국가 중 한국보다 정부 채무 변동폭이 적은 국가는 한 국가도 없었다. 선진국 중에 한국보다 정부 채무가 증가하지 않은 나라들로는 스위스, 스웨덴, 노르웨이, 네덜란드, 룩셈부르크, 핀란드, 덴마크, 아일랜드 정도로 인구가 작은 국가들밖에 없다. 인구와 경제 규모가 한국과 비교되는 국가 중 정부 채무 증가가 한국보다 적었던 국가는 브라질과 러시아 정도이다. 인구나 경제 규모 둘 중 하나를 기준으로 비교할 만한 국가 중에는 아르헨티나와 멕시코, 사우디아라비아 정도가 한국보다 정부 채무 증가

〈표 3〉 팬데믹 기간 정부 채무와 가계 채무 변동의 국제 비교

	팬데믹 기간 정부 채무 변동폭과 팬데믹 이후 정부 채무 수준		팬데믹 기간 가계 채무 변동폭과 팬데믹 이후 가계 채무 수준	
	2020~2021년 정부 채무 변동폭(%p)	2021년 정부 채무, GDP 대비 %	2020~2021년 가계 채무 변동폭(%p)	2021년 가계 채무, GDP 대비 %
한국	9.3	46.9	10.8	105.8
아르헨티나	-9.8	83.6	-0.9	4.5
호주	13.6	54.7	-0.9	118.2
오스트리아	11.7	82.3	2.5	51.4
벨기에	11.6	109.2	2.2	63.2
브라질	2.9	90.0	3.0	32.9
캐나다	20.4	101.8	3.4	106.9
중국	10.9	71.7	5.8	61.3
콜롬비아	15.1	67.6	1.0	30.1
체코	12.0	42.0	3.2	34.7
덴마크	3.0	36.7	-6.3	104.3
핀란드	7.7	72.6	2.2	68
프랑스	15.7	113.0	4.5	66.6
독일	9.9	69.4	3.5	56.9
그리스	13.5	194.6	-0.4	55.6
홍콩	12.8	79.7	11.5	93.1
헝가리	10.8	74.7	2.6	21.1
인도	10.8	85.1	-1.0	36.0
인도네시아	10.5	40.6	0.2	17.2
아일랜드	-1.8	55.4	-7.1	30.5
이스라엘	8.9	67.3	2.9	43.9
이탈리아	15.8	150.0	2.2	43.3
일본	18.6	222.0	5.3	67.8
룩셈부르크	2.2	24.6	-0.5	67.6
말레이시아	10.9	63.3	4.8	72.9
멕시코	5.3	41.4	0.5	16.5
네덜란드	3.9	52.5	0.8	101.6
뉴질랜드	19.4	47.1	6.1	97.9
노르웨이	3.0	42.8	-5.0	98.3
폴란드	8.0	53.7	-2.1	32.3
포르투갈	8.8	125.4	2.9	66.4
러시아	3.3	18.0	2.1	21.2
사우디아라비아	6.5	28.8	2.5	15.3
싱가포르	12.0	136.7	-2.9	54.7
남아공	12.5	70.4	-1.1	34.1
스페인	20.1	118.3	1.6	58.4
스웨덴	1.0	36.5	3.6	92.1
스위스	1.2	27.2	5.5	131.8
태국	18.8	52.8	10.7	91.0
튀르키예	9.4	42.1	0.0	14.7
영국	20.4	105.9	2.9	86.9
미국	16.5	116.3	1.6	76.9

출처: 국제결제은행(BIS); 한국 통계청.

가 적었을 뿐이다. 그런데 이들 국가 중 2021년 기준 (GDP 대비) 정부 채무 비중이 한국보다 낮은 국가는 덴마크, 룩셈부르크, 노르웨이, 스웨덴, 스위스, 멕시코, 러시아, 사우디아라비아 등 8개국에 불과했다. 나머지 국가들의 경우 상대적으로 높은 정부 채무 규모로 인해 재정 자원 동원에 부담을 가졌을 가능성이 크다.

정부 채무 변동에 영향을 미칠 수 있는 또 하나의 요인이 가계 채무 규모이다. 정부가 재정 자원을 동원하지 않을 때 가계 스스로 팬데믹 위기에 대처할 수밖에 없고, 경제활동이 제약되는 상황에서 미래 소득인 차입을 늘려 대응할 가능성이 크기 때문이다. 〈표 3〉에서 보듯이 팬데믹 기간에 가계 채무 증가폭은 42개국 중 한국(+10.8%p)이 홍콩(+11.5%p) 다음으로 컸다. 가계 채무 증가는 팬데믹 기간 중 통화완화와 그에 따른 부동산 등 자산시장 붐의 영향도 있지만 정부 지원의 부족을 가계가 떠안도록 한 결과였다. 팬데믹 기간인 2020년과 21년 중 가계 부채는 262.3조 원이 증가했는데 이중 46%는 부동산과 직접적 관련이 없는 가계 부채였다.

표에서 눈에 띄는 것은 정부 채무 증가폭보다 가계 채무 증가폭이 대체로 낮았을 뿐 아니라 11개 국가의 가계 채무는 오히려 줄어들었다. 예를 들어, 미국의 경우 정부 채무는 +16.5%p나 증가했지만 가계 채무는 10분의 1 수준인 +1.6%p 증가에 그쳤다. 가계 부채발 금융위기의 경험으로 가계 채무 관리의 중요성을 깨달은 결과이다.

또 하나는 싱가포르의 경우이다. 싱가포르는 팬데믹 직전 2019년 정부 채무 비율이 GDP 대비로 일본, 그리스, 이탈리아 다음으로 높은 124.7%였음에도 정부 채무 증가폭이 +12.0%p나 되었다. 그런데 가계 채무 증가폭은 −2.9%p였다. 국가적 위기에 대한 대응 능력은 가계가 정부보다 훨씬 취약할 수밖에 없다. 팬데믹 기간 주요 선진국들의 정부 채무 및 가계 채무 변동폭은 정부의 존재 이유를 뒷받침해준다.

이처럼 정부 채무 겁박론이 주장하듯이 한국의 정부 채무는 문재인 정부에서 심하게 증가하지 않았다. 합리적 비교나 객관적 평가 없이 자신들의 주장을 정당화하기 위해 일부 수치를 확대해석하는 것은 대통령을 포함해 공직자에게는 바람직하지 않은 태도이다. 정치적 목적으로, 그리고 일부 언론이 이러한 주장을 취재 없이 그대로 옮겨 써준다고 무책임한 주장을 하는 것은 국민의 눈을 가리고, 특히 (아직은 스스로 판단할 능력이 부족해 곧이곧대로 믿을 수밖에 없는) 자라나는 학생들에게 해악적인 영향을 미친다.

몸에 맞지 않는
유로존 재정준칙

이제부터 모피아가 숙원 사업으로 추진하는 재정준칙의 도입을 살펴보자. 윤석열 정권 출범 직후인 2022년 7월 7일에 있었던 국가재정전략회의에서 추경호 기재부 장관이 제시해 윤석열 정부의 목표로 추진하기로 한 '재정준칙 개정안'(《그림 3》)을 보면 통합재정수지(통합수지)보다 더 엄격한(?) 관리재정수지(관리수지)를 기준으로 변경했고, 정부 채무를 GDP 대비 60% 이내로 관리하기 위해 재정 적자를 GDP 대비 −3.0% 이내로 설정했다. 그리고 이를 법제화하고 유예기간도 없이 바로 시행하기로 했다.

먼저, 재정준칙을 제도화한 나라는, 아니 지역은 유로존밖에 없다. 단일 통화를 도입하면서 국가별 중앙은행 시스템을 포기한, 이른바 유럽연합 회원국 중 유로화를 도입한 국가군을 대상으로 유로존은 유럽중앙은행ECB이라는 통합 중앙은행 시스템을 도입했다.

단일 통화 도입은 많은 장점을 갖는다. 우리나라에서 광역 지

기존안과 새 정부 준칙안 비교

	기본 정부안	개정안
관리지표	통합수지+국가채무	관리수지(정부 채무)
한도식	$\left(\dfrac{\text{정부 채무}}{60\%}\right) \times \left(\dfrac{\text{통합수지}}{\triangle 3\%}\right) \leq 1.0$	관리수지 △3% 이하 (채무 60% 초과시 수지한도 축소)
법적 근거	시행령	법률
적용시기	'25년까지 유예	법 개정 후 바로 적용

출처: 기획재정부.

자체별로 독립적인 통화를 사용할 때의 불편함을 생각하면 쉽게 이해된다. 국가 간 자본 이동에서 환율 변동의 위험이 없기에 자본 흐름이 크게 증가한다. 실제로 유로화 도입 이후 금융위기 이전(2000~2007년)까지 자본이 크게 유입된 아일랜드(56.8%), 그리스(37.3%), 스페인(33.3%) 등은 성장률에서 독일(13.0%)은 물론이고 현재 유로화를 도입한 19개국의 평균 성장률(19.1%)보다 월등히 높았다.

반면, 단일 통화 도입의 단점은 금융시장 통합으로 금융시장 환경이 급변할 경우 방어 능력이 취약한 국가는 치명상을 입을 수 있다는 점이다. 그 실례가 금융위기 이후 유로존 재정 위기를 겪었던 국가들(GIPSI: 그리스·이탈리아·포르투갈·스페인·아일랜드)이다. 금융위기라는 '충격'이 발생하자 은행으로 유입된 자금이 갑작스레 유출로 전환되면서 이들 국가의 은행들은 유동성 위기에 내몰렸다. 그러자 해당 국가의 정부는 국채 발행으로 조달한 자금을 은행에 투입할 수밖에 없었고, 그 결과 정부 채무가 급증하며 이른바 재정 위기를 겪게 된 것이다.

아무튼 단일 통화 도입으로 통화정책을 사용할 수 없게 되면서 유로화 도입 국가들은 경제 문제의 조절을 재정 수단에 과잉 의존할 가능성이 크다. 그렇게 되면 인플레 압력이 높아지고 유로존 전체 평균 인플레율을 높이게 된다. 그러면 유럽중앙은행은 긴축(금리 인상)을 선택할 수밖에 없고, 인플레가 높지 않은 나라들도 실물경제에 부정적 영향을 입을 수 있다. 이를 방지하기 위해서는 회원국들의 재정 운용을 통제할 수밖에 없었던 것이다.

그런데 우선 이러한 조건은 독자적인 중앙은행 시스템을 가져 경제 문제를 통화정책으로 대응할 수 있는 국가에는 성립하지 않는다. 둘째, 앞에서 설명했듯이 정부 채무 60%라는 수치는 유로화 도입 당시 평균 수치에 불과하다. 이런 임의적인 수치를, 20년도 훨씬 지난 지금의 시점에서, 정부 채무의 한도로 고정한다는 것이 얼마나 우스운 일인가? 셋째, 정부 채무(GDP 대비)는 (적어도 이론상으로는) 경상성장률(=실질성장률+인플레율)이 재정 적자(GDP 대비) 증가폭보다 크면 증가하지 않는다. 유로존의 재정 적자를 −3% 이내로 설정한 것은 당시의 유로존 성장률을 고려한 것인데 성장률 또한 가변적인 수치라는 점이다. 넷째, 재정 적자는 크게 (발행된 국채의 평균 조달 금리인) 기존 정부 채무의 이자 비용과 새롭게 추가된 재정 적자로 구성된다. 따라서 이자율도 재정 적자에 영향을 미치는데 유로화를 도입할 당시 이자율은 지금보다 높았던 시기이다. 이자율 역시 가변적 수치라는 점이다.

무엇보다 국제적으로는 재정 적자의 기준을 그해 정부의 총수입과 총지출을 정리한 통합(재정)수지로 삼고 있다는 점이다. 추경호가 변경한 관리(재정)수지는 국제적 기준이 아니다. 그래서 윤석열 정권 이전의 모피아는 통합수지를 기준으로 제시했던 것이다. 주지하듯이 관리수지는 통합수지에서 (국민연금, 사학연금기금, 산재예방기금, 고용보험기금 등) 4대 사회보장성기금수지를 제외한 것이다. 그런데 이 기금수지를 제외할 이유가 없다는 것이다. 현재까지 이 기금들이 흑자를 기록하다 보니 통합수지를 적용할 경우 재정 적자 규모는 관리수지 기준의 재정 적자보다 적을 수밖에 없다. 그런데 이 기금에 적자가 발생하면 정부가 보전해야 한다는 점에서 정부 재정에 포함하는 것이 당연하다. 재정 지출에 대한 통제를 더 강화하기 위해 IMF 등의 국제 기준조차 무시한 기준을 도입한 것이다.

이처럼 여러 문제를 갖고 있는 재정 운용 기준을 한 나라의 정부가 도입하는 것은 (국민이 이러한 문제점을 파악하지 못하는 점을 악용하여) 막대한 공공자금에 대한 통제권을 독점하겠다는 것이다. 법제화 조치는 바로 대통령 등 선출 권력조차 건드리지 못하게 하겠다는 의도가 담긴 것이다. 수사권과 기소권을 독점하여 막강한 권력을 행세하는 '제2의 검찰'이 되고 싶은 것이다. 막강한 공적 권한의 사유화는 지금보다 더한 부정부패로 이어질 수밖에 없고, 그 피해는 고스란히 경제적 약자층에 집중된다.

재정준칙이
실패할 수밖에 없는 이유

　　윤석열 정권의 모피아가 도입하려는 재정준칙은 논리적 문제 차원을 넘어 더 치명적인 문제점을 갖고 있다. 지금 상황에서는 (윤석열 정권) 모피아의 목표는 현실적으로 사실상 달성이 불가능하고, 이를 억지로 추진할 경우 국가 경제에 막대한 피해를 야기할 수밖에 없다는 점이다. 한국의 정부 채무(IMF 중앙정부 채무 기준)는 외환위기가 발발했던 1997년 GDP 대비 9.3%에서 2022년 48.1%(기재부 기준 47.8%)까지 사실상 멈춤 없이 증가해왔다. 그런데 〈표 4〉에서 보듯이 통합수지는 2000년 이후에는 (금융위기 때를 제외하고는) 2018년까지 흑자 기조가 유지되었다. GDP 대비 통합수지 적자가 3% 이상을 기록한 것도 2020년 코로나 팬데믹 때와 윤석열 정권의 첫해인 2022년 정도였다. 정부 채무의 빠른 증가에도 불구하고 국고채에 대한 이자 비중도 〈표 5〉에서 보듯이 2022년을 제외하고는 박근혜 정부 이후 문재인 정부까지 GDP 대비 1% 이내에서 관리되었다. 오히려 윤석열 정부 들어와서 1.4%로 급

〈표 4〉 외환위기 이후 통합재정수지 추이(GDP 대비 %)

	1997	1998	1999	2000	2001	2002	2003	2004	2005
통합재정수지(GDP 대비 %)	-1.3	-3.9	-2.5	1.1	1.2	3.3	0.9	0.6	0.5
	2006	2007	2008	2009	2010	2011	2012	2013	2014
통합재정수지(GDP 대비 %)	0.6	3.4	1.4	-1.7	1.3	1.4	1.3	1.0	0.6
	2015	2016	2017	2018	2019	2020	2021	2022	2023.9
통합재정수지(GDP 대비 %)	0.0	1.0	1.3	1.6	-0.6	-3.7	-1.5	-3.0	-1.9

출처: 통계청; 기재부, 〈월간 재정동향〉 한국은행, 2023년 2분기 국민소득.

〈표 5〉 GDP 대비 국고채 이자 부담 비중 추이, 2008~2022년

	2008	2009	2010	2011	2012	2013	2014	2015
국고채 평균조달금리	5.37%	4.64%	4.50%	3.98%	3.23&	3.14%	3.02%	2.15%
GDP 대비 국고채 이자 부담 비중	0.1%	1.1%	1.1%	1.0%	0.8%	0.8%	0.8%	0.6%
	2016	2017	2018	2019	2020	2021	2022	
국고채 평균조달금리	1.62%	2.10%	2.43%	1.68%	1.38%	1.79%	3.17%	
GDP 대비 국고채 이자 부담 비중	0.5%	0.6%	0.7%	0.5%	0.5%	0.7%	1.4%	

출처: 기재부, 〈월간 재정동향〉 23년 8월호; 양경숙 의원, 기재부 국채의 평균조달금리, 2023. 8. 24.

증했다. 국고채 발행액이 11.1%가 넘고 금리 상승에 따라 국고채 조달 금리도 상승했으나 경상성장률이 과거 금리가 높았던 때에 비교해 3.9%로 낮았기 때문이다.

이처럼 통합수지를 −3% 이내에서 관리해왔음에도 정부 채무가 지속해서 증가해왔다는 점에서 유로존 재정준칙은 현실적으로 의미가 없다. 어떻게 해서든 재정준칙을 법제화하려는 윤

<표 6> 금융위기 이후 최근까지 관리재정수지 추이(GDP 대비 %)

	2000	2001	2002	2003	2004	2005	2006	2007
관리재정수지(GDP 대비 %)	-1.0%	-1.3%	0.7%	0.1%	-0.5%	-1.0%	-1.3%	0.4%
	2008	2009	2010	2011	2012	2013	2014	2015
관리재정수지(GDP 대비 %)	-1.5%	-4.1%	-1.0%	-1.0%	-1.3%	-1.5%	-2.0%	-2.4%
	2016	2017	2018	2019	2020	2021	2022	2023.9
관리재정수지(GDP 대비 %)	-1.3%	-1.0%	-0.6%	-2.8%	-5.8%	-4.4%	-5.4%	-4.2%

출처: 기획재정부, 〈월간 재정동향〉; 한국은행, 2023년 3분기 국민소득.

석열 정권의 모피아가 재정 관리 기준을 관리수지로 바꾸려는 이유이다.

　문제는 재정 관리를 관리수지로 변경한다고 하여 정부 채무 증가 속도가 멈추거나 줄어든다는 보장이 없다는 점이다. 〈표 6〉 에서 보듯이 2000년 이후 코로나 팬데믹이 발발했던 2020년 이전까지 관리수지의 적자 규모가 GDP 대비 -3%를 초과한 경우는 금융위기 때밖에 없었다. 즉 관리수지가 -3% 이내에서 관리가 되었어도 정부 채무가 지속해서 증가해왔다는 것이다. 그리고 코로나 팬데믹 2년간의 대규모 재정 적자는 대부분 주요국이 겪었던 것으로 불가피했다. 그런 점에서 윤석열 정부가 관리수지를 기준으로 재정을 관리한다고 해서 정부 채무 증가가 멈춘다는 보장도 없고, GDP 대비 정부 채무 60% 이내 관리도 어렵다. 무엇보다 관리수지 적자를 -3% 이내로 해서 정부 채무를 60% 이내에서 관리하겠다는 '재정준칙 법제화'를 추진하는 윤석열 정권 18개월 동안의 관리수지는 131.3조 원으로 이는 GDP 대비 3.9% 규모이다. 그 결과 문재인 정권이 사실상 종료됐던 2022년 4월 중앙정부 채무 비중(GDP 대비 %) 47.5%도 2023년 10월 50.1%로 증가했다.

문제는 자신들이 공언한 관리수지 목표를 지키려다 보니 지출을 무리하게 줄이고 있다는 점이다. 자신들이 써야 할 돈이라며 국회로부터 승인까지 얻어낸 예산조차 쓰지 못하고 있다. 예를 들어, 2023년 10개월 동안 지난해보다 77.8조 원 규모의 지출을 축소했고, 이는 GDP의 3.5%가 넘는 규모이다. 최근 1년간(2022년 4분기~2023년 3분기) 연간 성장률이 1.1%로 추락한 배경이다. 모피아의 욕망(재정준칙 법제화)이 재정수지 관리도 망치고, 성장률은 후퇴시키고, 다시 재정수지와 정부 채무를 악화시키는 악순환을 만들어내고 있다.

자본 탐욕의 이데올로기,
재정 지출 최소주의

앞서 살펴본 것처럼 모피아의 재정건정성 논리는 기만에 불과하다. 이제 재정건전성 논리가 기초하는 '재정 지출 최소주의'를 살펴보자. 결론부터 말하면 재정 지출 최소주의는 '과학'이 아닌 '이데올로기'이다. 앞에서 인간 사회의 구성과 운영 원리를 말했다. 사회가 지속하려면 민주주의와 시장, 즉 정치와 경제의 상호 견제와 균형이 필요하지만, 자본의 탐욕은 끊임없이 정치와 민주주의를 약화하려 하고, 심지어 제거하고 싶어 한다. 역으로 자본의 탐욕을 원천적으로 제거하고 싶어 하는 욕망도 작동한다. (현실 사회주의 체제에서 경험했듯이) 시장을 통제하고, 정부가 직접 자원을 배분하는 '정치의 과잉'이 그것이다. 정치의 과잉은 시장이 만들어내는 경제 활력을 약화하고 심지어 (인민독재로 위장한) '또 다른 독재'로 이어지곤 한다. 자본 탐욕은 극단적인 불평등으로 이어지고, 필연적으로 경제위기를 낳는다. 사회 붕괴와 경제위기가 동전의 앞뒷면인 이유이다. 〈그림 4〉가 보여주듯이 1930년

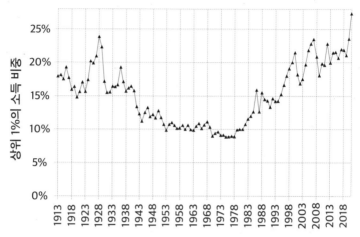

〈그림 4〉 미국 상위 1%의 세전 소득 비중, 1913~2021년

출처: E. Saez and T. Piketty, "Income Inequality in the United States, 1913~1998" Quarterly Journal of Economics, 118(1), 2003, 1~39 (Longer updated version published in A.B. Atkinson and T. Piketty eds., Oxford University Press, 2007) (Tables and Figures Updated to 2021 in Excel format, February 2023)

대 세계 대공황 직전에, 그리고 2008년 금융위기 직전에 불평등은 극대화되었다.

1980년대 이후 신자유주의 혹은 금융화가 이뤄지면서 불평등이 본격적으로 진행되기에 앞서 (대공황 이후 경제위기를 반복하지 않기 위해 정치와 정부의 복원을 지지한) '케인스 경제학 죽이기' 작업이 진행된 배경이다. 이 작업의 출발점이 정부 재정 역할에 대한 부정적 평가에 초점을 맞춘 이유이다. 이들은 정부 재정 투입은 인플레만 초래할 뿐 경제 문제 해결에 도움이 되지 않기에 재정만 낭비할 뿐이라고 주장한다. 이들은 재정 투입 축소를 감세로 연결했고, 감세 논리는 경제적 고통이 증대했던 1970년대 중산층의 지지를 끌어냈다.

사회지출 축소는 사회경제적 약자층을 시장(금융 자본의 입)에 밀어 넣었고, 감세의 혜택은 부유층에게 집중되었다. 1970년대 후반부터 악화하기 시작했던 불평등이 1980년대 이후 빠르게 진행된 배경이다. 예를 들어, 미국 통계국의 가계 소득 기준 지니계수가 1974년 0.395에서 1980년 0.403까지 증가했고, 1990년에는 0.428, 2000년에는 0.462, 금융위기 직전인 2006년 0.470, 금융위기가 터지면서 잠시 주춤하다가 2010년부터 다시 증가하여 2021년에는 0.494까지 치솟았다. 2022년 0.488로 다소 완화된 상태이다.

이처럼 재정 지출 최소주의는 자본의 탐욕을 포장한 이데올로기에 불과하다. 앞에서 보았듯이 재정준칙이 설정한 재정 적자 관리로는 한국의 정부 채무 증가를 막을 수 없다. 재정준칙을 동원해도 정부 채무 증가를 막을 수 없다면 두 가지 선택밖에 없다. 하나는 경제성장률을 현재보다 높게 만들거나, 아니면 정부 수입을 늘리는 길이다. 그리고 정부 수입을 늘리려면 증세가 불가피하다. 윤석열 정부의 재정 지출 최소주의가 재정 파탄을 가져온 이유도 증세는커녕 감세를 추진했기 때문이다. 게다가 무리한 재정 지출 축소로 국가의 미래 성장 동력을 만들어내는 연구개발R&D 예산까지 줄이면서 성장률 둔화와 재정 파탄의 악순환을 만들고 있다. 이런 점에서 윤석열 정부가 재정건전성을 평계로 재정준칙의 법제화를 추진하는 것은 기만적이다. 재정건전성에는 애당초 관심이 없는 것이다.

그렇다면 모피아가 재정준칙을 도입하려는 목적은 무엇인가? 모피아가 대변하는 금융 자본의 이해를 생각하면 의도가 선명하게 드러난다. 모피아는 미래 세대에게 부담을 주는 정부 채무 증가를 막겠다는 것을 명분으로 포장해 재정건전성 논리를, 정부의 재정 운용 및 서비스 등에 대한 국민의 불만 정서를 이용하여 재정 지출 최소화 논리를, 그리고 재정 지출을 줄일 것이기에 감세 논리를 내세우고 있다. 이에 대해 우리가 알아야 할 것은 첫째, 재정 지출 최소화는 모든 부문에 균등하게 영향을 미치지 않는다는 것이다. 공무원 보수 등 경직성 비용은 줄이기 어렵다. 그리고 일반적으로 힘이 있는(?) 부서보다 사회경제적 약자층 지원과 관련된 부서의 예산이 일차적인 조정 대상이 된다. 둘째, 공공자금의 지원이 축소되면 그에 비례해 민간금융에 대한 의존이 증가할 수밖에 없다. 국민을 (높은 이자 놀이를 하는) 금융 자본의 먹잇감으로 던지는 것이다. 셋째, 감세는 고소득층일수록 혜택이 크고, 특히 금융 고소득층에게 가장 많은 혜택이 돌아간다. 게다가 재정 지출 최소화에 따른 재정 적자를 정부 차입(국채 발행)으로 해결하고, 그로 인해 정부 채무를 증가시킨다. 역설적으로 재정건전성이 재정 악화를 낳는 것이다.

재정건전성을
진짜 원하는가?

한국이 정말로 (정부 지출을 최대한 수입 범위 내에서 해야 하는) 재정건전성을 원하고, 정부 채무 증가를 억제하고자 한다면 단기적으로는 증세를, 중장기적으로는 성장 잠재력을 끌어올릴 수밖에 없다. 둘 다 쉽지 않아 보일 것이다. 먼저 증세 문제를 살펴보자.

조세는 사회 구성원이 함께 만들어낸 사회적 생산액 중 사회몫에 해당한다. 이와 관련된 개념이 이른바 (GDP에서 세금이 차지하는 정도를 나타내는) '조세부담률'이다. 기재부가 발간한 〈월간 재정동향〉 2023년 11월호의 '조세부담률 국제비교'를 보면, 2020년 OECD 평균이 24.3%인데 한국은 20.0%였다. 그리고 세금에다 사회보장부담금, 이른바 사회보장성기금을 합한 것이 GDP에서 차지하는 비중이 '국민부담률'이다. 앞의 재정동향에 따르면, 2020년 OECD 평균이 33.6%인데 한국은 27.7%였다. 조세부담률 격차가 4.3%p일 정도로 세금 부담은 한국이 명백히 낮다. 물론 격차가 많이 축소된 것도 사실이다. 〈월간 재정동향〉 2014년 3월호를 보면, 2001년 OECD

평균 조세부담률이 25.7%였는데 한국은 18.8%로 격차는 6.9%p였다. 그럼에도 세금 부담이 낮은 것은 명백한 사실이다. OECD 회원국 38개국 중 31위에 불과하기 때문이다.

세금의 기능 중 하나가 소득재분배이다. 그리고 중요한 조세 원칙이 공평과세이다. 한국에서는 고소득층에게 과세가 제대로 이루어지지 않음을 의미한다. 이는 국민부담률로도 일부 확인된다. 국민부담률 격차는 5.9%p로 조세부담률 격차 4.3%p를 제외해도 1.6%p가 낮다. 사회보장 역시 평균 수준 이하라는 것을 보여준다. 이는 한국 사회에서 사회몫으로 지원하는 사회소득이 취약함을 의미한다. 그 결과 시장소득에 대한 의존이 클 수밖에 없다. 구매력을 반영한 수치이지만 실질 최저임금이 OECD에서 중간 이상이 됨에도 불구하고 최저임금으로 최저생계 문제의 해결이 어렵다 보니 매년 최저임금 인상률을 결정하는 과정에서 저임금 노동자는 높은 인상률을 요구하게 된다.

이제 상황을 좀 더 구체적으로 들여다보자. 2021년 소득활동자들에 대한 국세청 자료에 따르면 소득활동자는 약 2,536만 명이다. (참고로 2022년 국세청 자료는 2024년 2월에나 정리될 것으로 예상된다.) 2021년 최저임금이 시간당 8,720원이었다. 이를 연소득으로 환산하면 2,187만 원이다. 그런데 2021년 소득활동자 중 상위 60%선이 최저임금 수준의 연소득보다 낮은 2,180만 원이었다. 하위 41%의 규모는 약 1,040만 명에 해당한다. 이들의 평균 소득은 980만 원에 불과했다. 약 2만 5,000명에 해당하는 상위 0.1%의 평균 소득은 18.5억 원이니 하위 41%의 평균 소득에 비해 188.8배나 되는 규모이다. 상위 0.1%의 총소득 46.9조 원은 하위 29%에 속하는 745만 4,000명의 총소득 46.7조 원보다 많은 규모이다. 약 2만 5,000명의 소득이 745만 4,000명의 소득보다 많은 사회인 것이다.

자산 불평등은 더 극심하다. 지난 거의 한 세대(1995~2022년)간의 대한민국 전체 소득(GDP)은 437조 원에서 2,205조 원으로 1,768조 원이 증가했는데 부동산자산은 2,205조 원에서 1경 2,506조 원으로 1경 301조 원이나 증가했다. 많은 사람이 새로운 가치를 창출하는 경제활동보다 부동산 재테크에 관심을 갖는 이유이다. 그 결과 부동산자산의 핵심인 토지 소유의 불평등은 정말 끔찍하다. (약 2,371만 세대로 구성된 대한민국의) 2022년 개인의 토지 소유를 보면, 전체의 38%가 넘는 901만 세대는 땅을 한 조각도 갖고 있지 못하는데 약 1.2%에 해당하는 29만 세대는 약 1,258조 원 가치의 토지를 소유하고 있다. 이들의 토지소유액은 땅이 있는 나머지 62%에서 상위 10%를 제외한 나머지 약 52%인 1,220만 세대의 토지소유액(1,263조 원)과 비슷한 규모이다. 앞에서도 언급했듯이, 지니계수가 0.8이 넘으니 토지 소유가 집중되었던 조선왕조 말기보다 그 정도가 더 심한 것이다.

이런 점에서 대한민국의 사회는 사실상 해체되었다. 사회란 무엇인가? 사회는 우리가 함께 살아가는 '집'이다. 먹을 것을 나눠 먹고, 비바람을 함께 피하고, 아프면 서로 돌봐주고, 그리고 혼자라는 외로움을 갖지 않게 해주는, 더불어 사는 공간이기 때문이다. 그런데 우리 사회는, 찬바람이 부는 집 밖 허허벌판에 버려진 사람이 있고, 홀로 고립되어 죽어가는 이른바 고독사가 청년층에까지 확산하고 있고, 집 안에서조차 소수만이 아랫목을 차지하는 그런 '가짜 집'이다. 모두가 참여해서 사회적 생산액(GDP)을 만들었는데 생존에 필요한 최소한의 소득이 보장되지 않는다면, 그 집은 함께 사는 집이 아니다. 그리고 아파도 돌봄을 받지 못한다면 그것 또한 함께 사는 집이 아니다. 사회 속에 살면서 혼자라는 느낌을 준다면 사회라 할 수 없지 않은가. 대한민국은 사회가 실종된 나라이고, 사회가 붕괴한 나라이다.

사회적 생산액을 만들어내는 데 참여하고 기여한 모든 사회 구성원에게는 생존에 필요한 최소 소득을 요구할 권리가 있다. 이는 보수주의 사상의 정신적 뿌리로 불리는 존 스튜어트 밀John Stuart Mill이 한 이야기이다.

밀이 1848년 저술한《정치경제학 원리Principles of Political Economy》는 경제학의 고전으로 불린다. 이 책은 1권에서 생산, 2권에서 배분, 3권에서 교환, 4권에서 사회진보가 생산과 배분에 미치는 영향, 5권에서 정부 영향 등을 다룬다. 생산과 배분을 앞부분에 배치한 이유는 함께 만들어낸 생산 방식을 선택한 이유가 인간 생존에 가장 유리하기 때문이고, 생산의 궁극적 목적은 배분에 있기 때문이다. 그런데 여기서 배분을 크게 사회소득과 개인소득으로 구분한다. 그대로 인용해보자.

먼저, 2권의 '배분' 부분이다.

"배분에서, 노동 능력의 유무와 관계없이, 제일 먼저 최소
한 일정량을 공동체 모든 구성원의 최저생계를 위해 떼
어내고, 나머지는 노동과 자본과 재능에 따라 나눈다."("In
the distribution, a certain minimum is first assigned for the subsistence
of every member of the community, whether capable or not of labour.
The remainder of the produce is shared in certain proportions, to be
determined beforehand, among the three elements: Labour, Capital,and
Talent." J. Stuart Mill, Principles of Political Economy with Some of Their
Applications to Social Philosophy, Edited, with Introduction, by Stephen
Nathanson, Hackett Publishing Company, Inc.: Indianapolis/Cambridge,
2004, p.96.)

그리고 5권의 '자유방임원칙의 근거와 한계' 부분이다.

"나는 신체가 건강하지만 빈곤한 사람들에 대한 구호가 자
선에 의존하기보다 그들 생계의 확실성이 법으로 보장되어
야만 한다고 생각한다."("I conceive it to be highly desirable that the
certainty of subsistence should be held out by law to the destitute able-
bodied, rather than that their relief should depend on voluntary charity."
앞의 책, pp. 298-99)

또한, 5권의 '조세 일반원칙'에서는 이렇게 말한다.

"일정 금액을 초과하는 유산은 매우 적합한 과세 대상이고, 유산세 수입은 생존 당시 재산 은닉으로 도피가 발생하지 않도록, 이루어질 수 있는 한 최대한 커야만 한다고 생각한다."("I conceive that inheritances and legacies, exceeding a certain amount, are highly proper subjects for taxation; and that the revenue from them should be as great as it can be made without giving rise to evasions, by donation inter vivos or concealment of property, such as it would be impossible adequately to check." 앞의 책, p. 217.)

지금으로부터 175년 전에 쓴 글이고, 게다가 보수주의 경제학 계보에서 애덤 스미스와 어깨를 나란히 할 정도의 19세기 사상가가 이런 글을 썼다는 것은, 복잡한 경제이론을 적용할 필요 없이, 사회소득은 사회 구성과 운영에 필요한 기초이기 때문이다. 최소 소득은 시혜가 아니고 누구나 법적으로 보장받을 권리이고, 이는 (사회 전체 생산액의 배분 방식의 하나인) 세금으로 해결해야만 하고, 특히 출발선의 차이를 만드는 유산에 대해서는 최대한 세금으로 환수해야만 한다는 생각은, 자본주의가 하나의 사회 체제로 출발할 때부터 정상적인 사고를 하는 사람들에게는 지적 상식이었다.

그런데 대한민국은 이런 상식조차 작동하지 않는 사회이다.

이렇게 불평등이 극심한 상황에서 일부에서는 상속세 완화나 폐지를, 그것도 저출산 대책으로 거론하고 있다. 경제학에서 저출산은 낮은 결혼율에서 찾고, (경제이론과 한국은행의 실증 분석에 따르면) 한국의 낮은 결혼율은 임금 불평등과 주거비, 그리고 자녀 교육비 등의 순서로 영향을 받는 것으로 확인된다. 정규직과 비정규직 사이의 결혼율 차이는 그동안 여러 연구에서 확인되었다. 그런데 자영업자 비중이 큰 한국 사회에서 정규직과 비정규직 사이뿐만 아니라 임금노동자와 자영업자 사이의 임금 불평등도 큰 의미를 갖는다. 〈그림 5〉는 임금노동자 1인당 소득 대비 자영업자 1인당 소득의 비중과 출산율의 관계를 나타낸다. 역의 상관

〈그림 5〉 (자영업자 1인당 소득/임금노동자 1인당 소득) 비중과 출산율

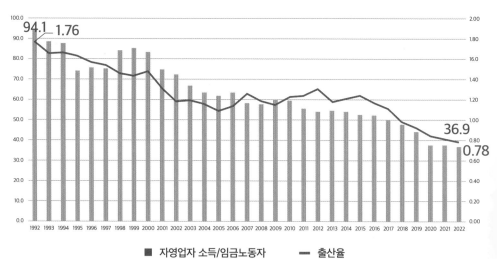

출처: 한국은행, 통계청.

관계가 91%나 된다.

이런 현실에서 대다수 국민의 사회소득을 늘리는 것은 매우 중요하다. 실제로 증세와 (전통적인 취약계층 중심의) 소득 이전 정책은 많은 중산층이 거부감을 갖는다. 소득이 극소수에게 집중되어 있다 보니 (기계적으로 구분된) 중산층조차 많은 사람이 자신을 중산층이라 여기지 않기 때문이다. 실제로 가장 편하게 중산층을 설정하는 하위 30%에서 상위 30% 사이의 소득 규모를 보면 (앞에서 소개한 2021년 국세청 소득활동자 자료를 기준으로 할 때) 세전 평균 소득은 1,500만 원에서 4,192만 원 사이의 소득계층이다. 개인 소득이라도 중산층이라기에는 너무 적은 소득 수준이다. 자신도 지원받아야 할 소득계층에게 더 어려운 극빈층 지원을 위해 세금을 더 납부하라 하면 거부할 가능성이 크기 때문이다.

가장 좋은 방식은 사회소득을 모두에게 지급하는 방식이다. 예를 들어 모든 소득활동자에게 사회소득 100만 원을 지급하기 위해 필요한 추가 재원은 약 25.4조 원이다. 이를 현재의 소득세율을 기초로, 25.4조 원을 배분할 때 추가 세금 부담은 상위 16%에 국한된다. 2021년 모든 소득활동자 기준 세전 소득이 18.5억 원(세후 소득 11.94억 원)인 상위 0.1%는 추가로 약 2억 원의 세금을 더 부담한다. 그리고 상위 16%선에 있는 소득활동자의 경우 2021년 세후 소득이 6,052만 원인데, 추가로 2만 원만 더 부담하면 된다. 이 정도의 추가 세금은 객관적으로 볼 때 큰 부담이 되지 않는다.

반면, 하위 50%는 최소 91만 원에서 100만 원을 지급받을 수 있다. 앞에서 하위 41%까지는 연소득이 최저임금 수준보다 작다고 말했다. 2023년 기준으로 최저임금을 1만 원으로 인상하기 위해서는 시간당 380원을 인상해야 하고, 1년간 95만 1,000원이 더 필요하다. 그런데 사회소득 100만 원을 지급하면 최저임금 대상자의 시간당 1만 원 소득은 쉽게 달성된다.

여기에 (2022년 기준 약 98만 2,500개의) 법인을 대상으로 소득활동자 모두에게 100만 원을 지급할 25.4조 원을 배분하면, 세후수입이 3조 1,367억 원인 0.1%의 법인은 추가로 154.5억 원을 부담하고, 세후 수입이 543억 원인 10%선의 법인은 추가로 2억 3,541만 원을 부담한다. 세후 수입이 34억 원인 상위 20%선에 있는 법인이 추가로 부담할 세금은 808만 원, 세후 수입이 4.7억 원인 50%선의 법인은 추가로 171만 원만 부담하면 된다. 모두 감당할 수 있는 수준이다.

이것으로 모든 소득활동자에게 사회소득 100만 원을 추가로 지급할 수 있다. 개인소득보다 법인소득, 그리고 소득보다 토지 등 자산 집중이 더 심한 상황이기에 자산에 대한 사회소득 재원 확보는 소득보다 저항이 더욱 적고, 추가 부담을 해야 하는 계층의 경제적 부담도 적다.

이렇게 사회 생산이나 사회 자산에 대한 사회몫에 해당하는 사회소득을 사회 구성원에게 배분하게 되면 국민의 80% 이상이 현재보다 최소 수백만 원 이상의 추가 소득을 확보할 수 있다. 전통적인 재분배와의 차이라면 사회소득세를 거두어서 바로 현금 혹은 (일부는) 지역화폐로 배분한다는 점이다. 관료가 배분을 (결정)하는 것이 아니라 바로 돌려주는 방식이다. 저소득층일수록 배분받는 사회소득이 크고 초고소득층에게 세금 부담이 집중되기에 소득재분배 효과가 클 뿐 아니라 (대다수가 혜택을 받기에) 조세 저항도 크지 않고, 무엇보다 정권이 바뀌더라도 이전으로 돌려놓기가 쉽지 않다. 정기적으로 들어오던 수입이 줄어들게 된 국민 80% 이상의 저항이 만만치 않을 것이기 때문이다.

지역화폐로의 배분은 지역경제 활성화에도 크게 도움이 된다. 현재 지역 사회의 자영업자가 힘든 이유는 지역 사회의 대다수 주민이 쓸 돈이 없기 때문이다. 게다가 소유가 집중된 자산에 대한 과세는 투기도 완화할 수 있다. 부동산 재테크는 기본적으로 높은 기대수익에서 비롯하고, 자본주의 사회에서 자원을 생산활동으로 재배분하고 투기수익을 낮추는 방법이 조세의 존재 이유 중 하나이다.

사회소득은 기본적으로 돈을 빌리지 않아도 생존이 해결되는 수준이어야 한다. 그러나 살다 보면 예기치 않게 돈이 필요할 때가 있다. 이 문제에 대한 사회적 장치가 '사회금융'이다. 앞에서 반복해서 설명했듯이, 중앙은행 신용화폐(불환화폐) 시스템은 신용화폐에 대한 사회 구성원 모두의 보증으로 가능한 것이기에 모든 국민이 최소한의 신용화폐를 이용할 권리를 갖는다. 이것이 바로 사회금융의 개념이다.

〈표7.1〉 신용대출 가구주의 대출 기관별 비중, 2018~2023년 평균(%)

은행	저축은행	비은행 금융기관	보험회사	기타기관
77.67%	3.43%	8.92%	1.32%	8.68%

주: 매년 3월 기준 조사; 비은행 금융기관은 농협, 신협, 새마을금고, 여신전문금융회사 등; 기타기관은 대부업체 등.

출처: 통계청, 가계금융복지조사; 한국은행, 금융위원회.

〈표 7.2〉 대출액 기준 대출 기관별 비중, 2021년 3월 기준

2021년 3월	은행	여전사	상호금융	저축은행	보험사	대부업	전체
대출잔액	187.8조 원	51.4조 원	29.8조 원	22.0조 원	6.8조 원	6.8조 원	304.7조 원
비중(%)	61.6%	16.9%	9.7%	7.2%	2.2%	2.2%	100%

출처: 한국은행, 〈금융안정보고서〉, 2021. 6, p. 23.

통계청의 가계금융복지조사에 따르면 (2018~2023년 기간 평균) 은행으로부터 신용대출을 받지 못하는 비율은 22.3%가 넘는 실정이다(〈표 7.1〉 참고). 이들은 금리가 높은 저축은행부터 보험회사, 대부업체를 이용하고 있다. 그런데 이것조차 가구주 기준이다. 대출액 기준으로 보면 은행 신용대출을 받는 비율이 62%도 되지 않는다(〈표 7.2〉 참고). 자신의 보증 덕택에 신용(불환)화폐를 마음껏 사용함으로써 (금 보유량에 기반한) 돈놀이의 제약을 벗어난 은행시스템을 보증자 자신이 이용하지 못하는 모순이 발생하고 있다. 문제는 은행 신용대출을 이용하지 못하는 대다수 국민이 이를 자신의 탓으로 돌리며 받아들이고 있다는 점이다. 게다가 은행시스템을 이용하던 사람도 정작 돈을 빌려야 하는 어려

운 상황(예: 실직)이 되었을 때 은행시스템의 이용을 차단당하곤 한다. 그리고 대부분은 자신에게 신용을 제공할 수 없다는 은행의 논리를 수용한다. 금융 자본의 이해를 대변하는 논리에 세뇌된 결과이다. 그 결과 사회경제적 취약계층은 채무 노예의 늪에 빠질 수 있는 위험을 안은 채 살아가야 하고, 심지어 자산 축적 기회에서 구조적인 불이익을 받는다.

정치는 이 논리의 허구성을 깨뜨리고 사회금융에 대한 국민의 기본권리를 찾아주어야만 한다. (도입 초기에는 성인으로 국한할 수 있지만) 모든 국민에게 현재 신용등급 1등급자가 적용받는 금리로, 예를 들어 연 1,000만 원을 (이자만 제대로 상환한다면) 영구적으로 이용할 자격을 줄 수 있다. 물론 안정적인 직업을 갖고 있고 소득이 높은 신용 1등급자는 굳이 이 제도를 이용할 필요가 없다. 민간 신용 이용과 차이가 없기 때문이다. 나머지 국민 중에서도 일부러 이 제도를 이용하지는 않을 것이다. 아무리 신용등급 1등급의 대출금리라 해도 예금이자보다는 높기 때문에 굳이 필요도 없는데 예금금리보다 높은 이자를 내면서 무리하게 이 제도를 사용하지는 않을 것이다. 기본적으로 기존의 높은 금리로 이용하던 신용대출을 사회금융 개념을 적용해 이자 비용을 낮출 뿐이다.

이런 설명을 하는 이유는 통화량 급증에 대한 우려가 기우에 불과하다는 점을 말하려는 것이다. 예를 들어, 〈표 7.3〉에서 보듯이 신용등급 1등급자의 연 금리는 5.66%(KB은행 2023년 11월 1등급 신용대출 금리 기준)인데 시중의 정기예금 중 이보다 높은 금리는

<표 7.3> 시중은행과 나머지 금융회사의 신용대출 현황, 그리고 사회금융 도입 효과

	1,000~951점	850~801점	750~701점	650~601점	600점 이하
KB국민은행 신용대출	5.66%	7.08%	8.19%	9.77%	10.15%
1,000만 원 이자 차이	0	14.2만 원	25.3만 원	41.1만 원	44.9만 원
	보험회사	저축은행	카드론	현금서비스	대부업체
신용대출 이자	13.1%	17.5%	19.9%	19.95%	20%
1,000만 원 이자 차이	74.4만 원	118.4만 원	142.4만 원	142.9만 원	143.4만 원

주: KB국민은행 신용대출 이자율은 2023년 11월 기준.

없기 때문이다.

또한, 일부는 부실을 우려하는데 금리가 연 5.66%일 때 연이 자는 56.6만 원/월 납부이자 약 4.7만 원 정도밖에 되지 않는다. 반나절 정도 아르바이트만 해도 확보할 수 있는 월 4만 7,000원 정도의 이자를 고의로 연체해 채무불이행자, 이른바 신용불량자 가 될 사람은 없다. 스스로 일자리를 찾을 수 없는 사람들에게는 (국가일자리보장제 개념을 도입해 지역 사회가 스스로 만들어내고 중앙정부와 지자체가 재원을 공동으로 만들어 지원하는) 지역(사회)서비스 일자리를 연결해줄 수 있다.

사회금융에 대한 권리를 찾을 때 시중은행을 이용할 수 있는 중산층은 연 14.2만 원에서 44.9만 원의 혜택을 입고, 2금융권이 나 카드회사, 보험회사, 심지어 대부업체 등을 어쩔 수 없이 이용 해야 하는 국민들은 1인당 연 74.4만 원에서 최대 143.4만 원까지 혜택을 받게 된다. 그에 비례하여 금융 자본의 이익은 줄어들 것이다. 그러나 금융 자본의 수탈 대상이 된 국민이 금융 자본을 걱정할 필요까지는 없다. 오히려 금융 자본 역시 경쟁이 활성화될 것이고, 그에 따라 금융 경쟁력 개선은 물론이고 금리 인하로까지 이어질 수 있다.

그리고 금융시장에서 자금조달의 어려움이 상대적으로 크나 사회적으로 중요한 역할을 하는 부문에 대한 정책금융의 역할은 지금까지도 인정되어왔다. 즉 신용공급 제약이나 대출금리 부담 등에 대해 중앙은행이 저리자금 지원을 해왔다. 영세 자영업자에 대한 지원을 지금보다 더 강화해야만 한다.

무엇보다 사회금융과 사회소득이 결합하면 많은 국민의 삶의 질이 개선될 뿐만 아니라 생계 압박으로 하지 못했던, 자신이 하고 싶었던 일들을 시도할 기회가 열리게 된다. (앞에서도 예를 들었지만) 5명의 사람이 모이면 사회금융 5,000만 원을 이용할 수 있고, 이 정도면 초기 창업자금이 될 수 있다. 그리고 사회소득의 뒷받침으로 창업 준비에 집중할 수 있다. 성장잠재력 확충은 모든 정권이 추진한 일이고, 이를 위해 가장 필요한 것이 혁신의 활성화라는 점에 이의를 제기하는 사람은 없다. 국민이 새로운 시도를 할 수 없는 사회에서 혁신의 활성화는 기대할 수 없다.

이처럼 사회소득과 사회금융의 회복은 (함께 살아가는 집인) 사회를 복원하는 출발점일 뿐 아니라 대한민국에 활력을 불어넣는 최소조건이다. 이 모든 것이 '정치'에 달려 있다. 정치에 대한 국민의 관심과 참여가 의무이자 권리인 이유이다. 자신의 삶을 결정하기 때문이다. 필자가 윤석열 정권 출범 이후 수차례 정치 외면에 대한 비용 청구서를 받게 될 것이라고 주장한 배경이다. 그리고 정치의 효능감이 높아짐으로써 민주주의에 대한 소중함도 인식하게 될 것이다. 정치가 살아나고 민주주의가 활력을 찾으면, 함께 살아가는 사회의 복원뿐만 아니라 '국민이 진짜 주인인 나라' 만들기의 출발 계기가 될 수 있다.

이제 성장 잠재력에 대해 살펴보자. 국가 재정에 여력이 생기고 이른바 재정건전성 문제도 해결하려면, 무엇보다 성장 잠재력이 확충되어야만 한다. 주지하듯이 재정수지나 정부 채무 모두 GDP 대비로 평가하기 때문이다. 이와 관련하여 흥미로운 사실 하나를 확인할 수 있다. 2020년과 2021년은 코로나 팬데믹으로 정부 재정 투입이 급증했던 때였다. 〈표 8〉에서 보듯이 코로나 팬데믹 때 주요국 중 한국은 독일을 제외하고 중앙정부 채무액 비중이 가장 작게 증가한 국가였다.

그런데 (사실상 코로나 팬데믹이 종료된) 2022년에는 중앙정부 채무액 비중이 한국을 제외하고 모두 감소했다. 이는 채무액을 줄였거나 성장률이 채무액 증가율보다 컸기 때문이다. 그런데 중앙정부 채무액이 2021년에 비해 2022년에 줄어든 나라는 캐나다와 일본뿐이었다. 〈표 8〉을 보면 9개국 중 일본을 제외한 나머지 7개국의 성장률은 한국보다 높았다. 즉 일본과 캐나다를 제외한 나머지 6개국은 성장률이 한국보다 높았기에 중앙정부 채무액 비율

중앙정부 채무, GDP 대비 %	2019	2021	2022	2022년 경상 성장률
캐나다	39.1	58.3	49.8	11.0
프랑스	80.9	92.2	92.1	5.7
독일	37.8	46.6	45.9	7.4
이탈리아	130.0	145.6	140.6	6.8
일본	199.9	218.1	214.3	1.3
한국	36.3	45.3	48.1	3.8
싱가포르	127.7	153.5	135.9	13.0
영국	84.5	105.1	100.7	9.3
미국	93.1	113.7	110.1	9.2

출처: IMF, Global Debt Database; IMF, World Economic Outlook Database.

이 하락한 것이다. 특히 캐나다와 싱가포르 두 나라의 중앙정부 채무액 비중이 큰 폭으로 하락한 이유는, 캐나다는 채무액이 줄었을 뿐 아니라 성장률도 높았고, 싱가포르는 성장률이 높았기 때문이다.

여기서 문제는 싱가포르의 경우 코로나 팬데믹 2년간 (GDP 대비) 중앙정부 채무액 비중이 무려 25.8%p나 증가했다는 사실이다. GDP 대비 채무액 비중으로는 일본, 그리스, 이탈리아 다음으로 높다. 국제결제은행 기준의 정부 채무 규모(GDP 대비 %)로는 2023년 6월 기준 171.7%로 일본 다음으로 높다. 국내 모피아의 주장대로라면 신용등급도 추락하고, 자금조달도 어렵고, 외국자본의 유출도 일어나야만 한다. 싱가포르는 미국 같은 기축통화국도 아니고, 이탈리아나 일본처럼 (존재하지 않는 용어이지만) 준기축통화국도 아니다. 그런데 싱가포르는 (S&P 기준) 1990년대 중반

이래 최고의 국가신용등급 지위를 상실한 적이 없다. 자금조달 비용 등에 대한 우려 또한 전혀 없다.

이를 어떻게 이해해야 할까? 사실 한국을 보더라도 국가신용등급과 정부 채무 수준은 상관성을 보이지 않는다. S&P 기준으로 한국의 신용등급은 1995년 5월 초부터 1997년 8월 초까지 AA⁻ 등급이었다. 놀랍게도 당시 한국의 정부 채무는 국제결제은행 자료 기준으로 GDP 대비 1995년 5%, 1996년 4.6%, 1997년 5.7%에 불과했다. 외환위기 충격으로 −5.1%의 성장률을 기록했던 1998년에도 정부 채무 수준은 8.1%였다. 2001년까지 9.8%로 다소 증가했을 뿐이다. 그런데 국가신용등급은 IMF 구제금융을 받기로 한 1997년 12월 BBB⁻로 추락하고, 1998년 초에는 B⁺로까지 하락했다. BBB⁻ 아래부터는 투자 부적격 국가로 취급받는데 그보다 4등급 아래로 추락한 것이다. AA⁻ 등급 기준에서는 10등급이나 내려앉은 것이다. 그런데 중요한 것은 최악의 신용등급으로부터 회복하면서 정부 채무도 계속 증가했다는 사실이다. 2016년 8월에 최악보다 11등급이나 올라간 AA 등급까지 상승한 후 지금까지 (정부 채무는 계속 증가했음에도) 같은 등급을 유지하고 있다.

정부 채무 수준이 자금조달 조건과 밀접한 관련이 있는 것처럼 말하는 재정 지출 최소주의자들의 주장과 달리 정부 채무가 10%도 안 되는 수준에서 한국은 최악의 자금조달 조건을 감내해야만 했고, 그때보다 정부 채무 수준이 5배 정도 증가한 지금은 당시보다 훨씬 안정적으로 자금조달을 하고 있다.

싱가포르와 한국 등의 사례를 어떻게 이해해야 할까? 유로존 재정 위기와 공통점을 갖는다. 한국의 외환위기는 과도한 정부 채무나 재정 위기가 아니라 외화(달러) 유동성 위기였고, 그 위기는 경상수지 적자가 지속된 결과였다. 즉 자본시장 개방에 따라 외화차입과 그에 따른 기업 부채의 급증, 그리고 경상수지 적자의 합작품이었다. 그 결과 외환위기 이전의 한국의 외환보유액 규모는 GDP의 5% 안팎에 불과했다.

그런데 〈그림 6〉에서 보듯이 (2023년 3분기 기준 외환보유액 비중이 25%가 채 되지 않는) 한국과 달리 싱가포르는 (지난해 투자 손실로 인한 외환보유액 급감으로 2023년 3분기 현재 53%가 조금 넘는 수준이지만) 높은 경상수지 흑자의 지속으로 90% 안팎의 외환보유액 비중을 유지해왔다는 점이다. 신용평가 회사는 신용평가를 할 때 여러 기준을 놓고 보지만 궁극적으로는 해외 투자가들이 투자금을 얼마나 안전하게 회수할 수 있느냐가 가장 중요한 기준이 된다. 그런 점에서 소규모 개방경제의 경우 외환보유액 규모는 가장 중요한 기준이 될 수밖에 없다. 그리고 외환보유액 축적의 필요조건은 충분한 경상수지 흑자의 달성일 수밖에 없다. 싱가포르의 10%대 초부터 25% 이상까지 되는 경상수지 흑자 규모는 5% 안팎에 불과한 한국과 비교해 매우 높다.

싱가포르의 높은 경상수지 흑자 규모는 미국과의 갈등을 낳을 수 있지만, 싱가포르는 신경 쓰지 않는다. 주지하듯이 미국 재무부는 매년 두 차례씩 이른바 '환율보고서', 정확히는 〈미국의 주

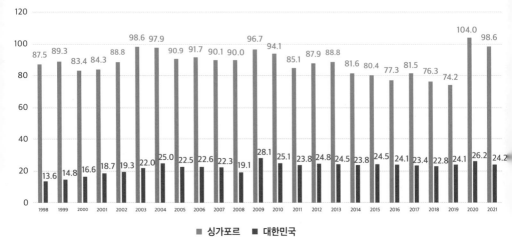

〈그림 6〉 한국과 싱가포르의 외환보유액 비중, 1998~2021년(GDP 대비 %)

■ 싱가포르　■ 대한민국

출처: 한국은행, 싱가포르통화청(MAS).

요 교역 파트너에 대한 거시 및 외환정책Macroeconomic and Foreign Exchange Policies of Major Trading Partners of the United States 보고서〉를 의회에 보고한다. 여기서 미국 재무부는 환율조작국의 세 가지 기준을 제시하는데 '현재'는, 경상수지 흑자 규모가 GDP의 3% 이상일 경우, 외환시장에 한 방향으로 그리고 지속해서 GDP의 2% 이상 규모의 개입을 할 경우, 그리고 대미 무역흑자가 150억 달러 이상일 경우를 제시하고 있다. ('현재'라는 단서를 단 이유는 미국이 기준을 자의적으로 변경해왔기 때문이다.) 그런데 2019년 상반기부터 평가 대상국에 포함된 싱가포르의 경우 지금까지 9회의 평가에서 경상수지 흑자 규모(GDP 대비 %)가 적을 때 16.1%(2020년 12월)에서 많을 때는 19.4%(2022년 11월)까지로, 사실상 미국의 기준을 신경 쓰지 않고 있다.

싱가포르의 경우 경상수지 흑자를 안정적으로 확보하기 위해 (한국과 달리) 외환시장에 적극 개입하고 있다. 한번은 미국이 싱가포르를 관찰 대상국 중 하나로 지정하자 싱가포르의 중앙은행인 싱가포르통화청Monetary Authority of Singapore, MAS은 싱가포르는 수출 이점이나 경상수지 흑자를 위해 화폐가치를 조작하지 않는다고 반박했다. (2014~2020년까지 저물가가 지속하고, 특히 2015~2016년에는 디플레이션이 진행되는 상황을 활용하여) 자신들이 외환시장에 개입하는 이유는 물가를 자극하기 위해 싱가포르 달러 가치를 하락시켜야 하고, 이는 물가안정 목표 정책에 부합한다고 주장했다.[3] 환율 조작이 아니라 통화정책의 일환이라고 대응한 것이다. 싱가포르 다음으로 높은 경상수지 흑자 규모를 유지하는 스위스도 같은 방식으로 대응하고 있다.

사실, 이는 미국의 화법을 그대로 돌려준 것이다. 즉 저물가 상황은 자국 화폐가치가 너무 강한 것과 관련 있기에 달러 매입으로 자국 화폐가치를 낮추는 것은 물가안정이라는 통화정책의 목표라고 주장했다. (앞에서 지적했듯이) 2010년 8월 미국이 경기회복에도 불구하고 2차 양적완화를 진행하자 신흥국들은 달러 가치 절하를 통해 신흥국의 수출 및 산업 경쟁력을 저해한다고 비난했다. 이에 당시 연준 의장이었던 버냉키Bernanke는 장기

---

3 예를 들어, Reuters, "Singapore c.bank says does not manipulate currency for export advantage," MAY 29, 2019.

금리를 인하하고 주택시장을 부양하는 양적완화가 통화정책이고, 미국의 경기회복은 신흥국의 수출과 성장에도 도움이 될 것 Enrich-thy-neighbor이라며 반박했다. 그러나 버냉키의 주장은 설득력이 없었다.

버냉키의 스승으로 당시 이스라엘 중앙은행 총재(2005~2013년)였던 (이후 2014~2017년간 연준 부의장을 지낸) 스탠리 피셔Stanley Fisher 조차 "선진국이 자신이 만든 쓰레기(불량자산)를 치우기 위해 마구잡이로 찍어낸 돈이 신흥시장으로 유입되어 통화가치를 절상시키는 것을 왜 용인해야 하는가"라고 불평할 정도였다.

IMF의 분석에 따르면, 미국의 통화완화가 신흥시장국에 미치는 효과는 미국 GDP 증가를 통한 신흥시장국의 수출 증대보다 환율 변화를 통한 신흥시장국의 수출 감소가 더 큰 것으로 확인됐다.[4] 그렇다 보니 싱가포르의 경우 2021년 봄 이후 인플레가 지속하는 상황에서도 여전히 외환시장 개입의 강도를 바꾸지 않고 있다. 이는 (미국의 관찰 대상국 지정과 관계없이) 경상수지 흑자 기조의 유지를 최우선 과제로 삼고 있다는 것을 보여준다.

또한 높은 경상수지 흑자를 유지하는 서유럽의 독일, 네덜란드, 아일랜드 등은 미국이 외환시장 개입을 트집 잡을 수가 없다. 이들은 자국 통화를 포기하고 단일통화인 유로화를 사용하기 때문이다. 그럼에도 2017년 트럼프 정부의 국가무역위원회 대표인

---

4 I. Carabenciov, C. Freedman, R. Garcia-Saltos, D. Laxton, O. Kamenik, P. Manchev, 2013, "GPM6: The Global Projection Model with 6 Regions," IMF Working Paper, WP/13/87.

피터 나바로Peter Navaro가 유로화는 사실상 독일 마르크화와 같으며 독일이 유로화 가치 절하를 통해 무역의 이점을 추구하고 있다고 공격했다. 이에 당시 독일 총리 앙겔라 메르켈Angela Merkel은 독일은 유로화에 전혀 영향을 미칠 수 없고, 유럽중앙은행은 독립적으로 운영된다고 반박했다. 그 후 미국은 더 이상 독일에 시비를 걸지 못하고 있다.

싱가포르는 경상수지 흑자와 더불어 유입된 외국자본을 외환보유액Official Foreign Reserves, OFR으로 축적하여 이를 싱가포르통화청 MAS, 싱가포르 국부펀드를 운용하는 싱가포르투자청Government of Singapore Investment Corporation, GIC, 싱가포르 국책투자 사업을 수행하는 테마섹Temasek Holdings이 활용해 재정에도 지원하고 있다. 사실, 한국도 외환위기 이후 경상수지 흑자액이 1조 달러에 달하는데 현재 외환보유액은 4,201억 달러(2023년 12월 기준)에 불과하다는 점에서 적극적으로 외환보유액 축적을 하지 않은 것이다. 일부에서 과도한 외환보유액 축적은 (외화보유 확충에 따라 풀리는 국내 여신을 흡수하기 위한 통화안정증권 발행 등에 따른 제반 비용인) 불태환 개입비용 부담을 증가시킨다고 지적하지만, 싱가포르의 경우 축적한 외환으로 더 높은 투자 수익을 만들고 있고,[5] 또한 높은 신용등급으로 기업들은 해외자금 조달 비용을 낮출 수 있다. 무엇보다 (외환위기 때처럼) 외국인 자금의 갑작스러운 유출 상황에서 금융

---

5 싱가포르 GIC의 지난 20년(2001~2022년)간 연평균 실질 투자수익률은 4.2%이고, 22/23회계연도 기준 운영 자산 규모는 7,690억 달러로 추정한다. GIC Report 2022/23; SWF, "GIC's FY22/23 return estimated at −8.1%, new AuM at US$ 769 billion," 26th July, 2023.

및 외환시장의 방어벽 역할을 한다.

2023년 12월 기준 한국의 국고채에 대한 외국인 보유액은 약 219.5조 원(약 1,688억 달러, 1달러=1,300원 기준)에 달한다. 외국인 보유 국고채가 모두 일시에 처분될 가능성은 매우 낮지만, 주식시장 유입액(약 5,085억 달러, 2023년 12월 8일 기준)이나 단기 외화차입액(1,416억 달러, 2023년 3분기 기준), 3개월 수입액(2,438억 달러, 2022년 수입액 기준) 등을 고려하면 한국의 외환보유액이 결코 충분하다고 말할 수 있는 전문가는 없다. IMF가 제시하는 적정외환보유액 기준에 미달하는 배경이다. 국제금융시장이 불안정해질 때마다 원화가 가장 취약한 통화로 전락하는 이유이다. 해외자금 조달 비용이 올라가는 이유도 국제금융시장 환경에 취약할 수밖에 없는 외환 불안정성에 있다.

이처럼 (성장 잠재력을 늘리고 증세를 하기 이전에) 불가피한 정부 채무 증가에 대한 대책은 정부 채무에 대한 이자 부담이 성장률 범위 안에 있으면서, 외국자본의 국고채 보유 규모를 충분히 감당할 수 있는 외환보유액 증대 등이 현실적 해법이다. 외환보유액을 싱가포르나 대만 등의 수준으로 끌어올려야 하고, 이를 위해 화폐 주권을 행사해야만 한다. 미국 등 기축통화국이 화폐의 사실상 무제한 발행을 통해 다른 국가들의 통화가치를 절상시키면서, 이를 통화정책이라고 강변하는 것에 대해 우리도 브릭스(BRICs, 브라질·러시아·인도·중국·남아프리카공화국)는 물론이고 싱가포르나 스위스 등처럼 자국의 경제를 위해 화폐 주권을 행사해야 한다.

예를 들어, (인도 중앙은행 총재 시절) 라구람 라잔Raghuram Rajan이 기축통화국 중앙은행이 세계 나머지 국가들의 입장을 고려하지 않을 때 신흥국 경제는 산업경쟁력에 필요한, (과도한 통화가치 절상 방지 등) 자국의 화폐가치 안정을 위해 외환시장에 개입하는 '대외적 양적완화Quantitative External Easing, QEE'를 선택할 수밖에 없다고 주장한 배경이다. (자신의 주장을 정당화하기 위해 버냉키 화법을 사용해) 라잔 역시 신흥국의 외환시장 개입은 신흥국의 경제성장에 기여할 것이고, 신흥국의 경제성장은 선진국 경제에도 기여한다는 점에서 외환시장 개입이 '근린궁핍화' 정책이 아니고, '근린부유화' 정책이라고 받아쳤다.

이처럼 해외 지식인들이 화폐 주권을 당연시하는 풍토와 달리 (미국인보다 더 미국적으로 사고하는) 한국의 많은 지식인은 미국의 요구를 수용하는 것을 당연시한다. 이들에게 대한민국의 이익 추구는 '사치'에 불과하다.

한국 경제의
출구

　〈그림 7〉은 대한민국 경제의 현실을 상징적으로 보여준다. 기간은 지난 30년(1992~2023년 2분기)이다. 지난 30년은 일본의 '잃어버린 30년'과 일치하는 기간이다. 그림의 곡선은 현재의 시장가치와 자국 화폐 단위로 평가한 세 나라의 GDP(명목 GDP 혹은 경상 GDP)를 해당국의 시중 유통 전체 통화량으로 나눈, 이른바 '화폐유통속도'이다. 사전적으로 화폐유통속도는 화폐 한 단위가 일정 기간 동안 경제 구성원들의 상품 거래 혹은 소득을 창출하는 거래에 평균적으로 몇 회 사용되었는가를 나타내는 지표를 말한다.

　예를 들어, 2023년 3분기(9월말) 기준 대한민국의 명목 GDP는 약 2,205조 원이고, 총통화량은 약 3,818조 원이다. 이는 3,818조 원 중 2,205조 원만이 소득 창출과 관련 있는 상품 거래에 연결되었음을 말한다. 나머지는 수익을 좇아 자산시장으로 대부분 흘러 들어간다.

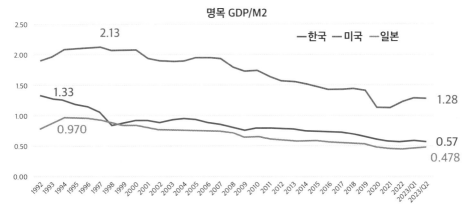

〈그림 7〉 한·미·일의 화폐유통속도, 1992~2022년

명목 GDP/M2

2.13

— 한국 — 미국 — 일본

1.33

0.970

1.28

0.57

0.478

출처: 한국은행, 일본은행, 연준.

그런데 한국은 외환위기 충격 이후 1값 밑으로 떨어져 계속
하락해, 자산시장 거품 붕괴 충격 이후 1값 밑으로 떨어진 일본
을 빠르게 따라잡고(?) 있는 중이다.

경제 내용상으로 사실상 한국 경제 역시 '잃어버린 30년'을 향
해 질주하고 있는 셈이다. 실제로 지난 2023년 3분기 기준 연간
성장률은 1.1%였는데 이는 일본의 1990년대 이른바 잃어버린 10
년(1992~2001년)의 연평균 성장률 수준이다. 이 값이 내려가면 돈
을 풀어도 새로운 가치 창출보다는 자산 불평등의 심화라는 부
작용으로 이어질 가능성이 크다.

지난 30년(1992~2001년) 사이에 한국의 명목 GDP는 약 1,725조
원 증가했는데, 국내 부동산자산은 약 9배에 달하는 1경 4,710조
원이나 증가했다. 가계로 국한해도 마찬가지 모습이 확인된다.

가계의 처분가능소득은 약 928조 원 증가했는데, 가계의 부동산 자산은 약 8배에 달하는 7,077조 원 증가했다. 비금융법인이 만든 부가가치, 이른바 영업잉여는 약 208조 원 증가했는데 비금융기업이 보유한 부동산자산은 약 15배에 해당하는 3,020조 원 이상 증가했다. 다른 기준으로 비교하면, 유가증권 이른바 코스피 상장기업의 매출액은 2004~2022년 사이에 약 2,075조 원 증가했는데 비금융기업의 부동산자산은 2,311조 원 이상이 증가했다. 지난 30년의 가계와 기업, 국가 경제 모두에서 부동산은 돈을 빨아들이는 '블랙홀'이었다. (앞에서 지적했듯이) 선진국 중 가장 자산 불평등이 심한 나라가 미국인데 미국보다 불평등이 더 심하면서 내용이 좋지 않은 나라가 대한민국이다. 무엇보다 미국은 주식 자산이 부동산자산 증가를 압도한다. 한국은 그 반대이다.

게다가 돈을 빨아들이는 부동산자산의 핵심 원천인 토지자산의 소유 상태를 보면 정말 끔찍하다. (2,370만 5,814세대로 구성된) 2022년 대한민국에서 상위 0.62%에 해당하는 14만 6,952세대가 보유한 토지가액 943.4조 원은 전체 세대의 (38%의 땅이 한 평도 없는 901만 세대를 포함) 85%(약 2,018만 세대)의 토지보유액 949.7조 원과 맞먹는 규모이다. 오죽하면 필자가 전정田政 문란과 토지개혁 등으로 채색된 조선왕조 말기보다 오늘의 토지 소유가 더 집중되었다고 하겠는가.

두 번째 주목할 점은, 이러한 경향이 지난 30년간 정권의 성격과 무관하게 진행되었다는 사실이다. 부동산에 돈이 몰리는 구조는 대한민국의 힘의 역학 구조와 깊은 관련성을 갖고 있다. 돈을 중심으로 세력의 이해관계가 형성되기 때문이다. 사회 일각에서 대한민국을 '부동산 공화국'이라 부르는 배경이다. 또한, 오래전부터 시중에 회자하는 말이 "권력은 유한한데 자본(모피아)은 영원하다"이다.

앞에서도 계속 지적했지만, 양자는 밀접하게 관련되어 있다. 문제는 부동산이 가치 창출 활동보다 우위를 점하는 상황에서 자원 배분과 국민 경제의 왜곡이 심각해졌다는 점이다. 경제가 성장하고, 가계 소득과 일자리 등이 증가하고, 또 인구가 성장하는 과정에서 부동산 가치의 증가는 아주 자연스러운 산물이다. 예를 들어, 개인적으로 소득이 증가하면서 임차 주택에서 자가 소유 주택으로 이동하고, 또 가족 구성원이 늘면서 주택 규모를 늘려가기도 하고, 또 더 편리하고 안락한 주택 등으로 이동하는 것은 자연스러운 현상이기 때문이다. 인구도 증가하면 그에 비례해 주택 소유는 증가할 수밖에 없기 때문이다.

그런데 돈이 가치 창출 활동보다 부동산 투기로 몰리면 경제 성장은 둔화하고, 그에 따라 가계 일자리나 소득 증가도 둔화할 수밖에 없게 된다. 그러한 상황에서도 부동산에 유입된 돈들은 부동산 가치가 계속 상승하기를 원하고, 또 주택을 공급하는 건설회사나 돈놀이하는 금융회사 등은 부동산 시장에 돈이 계속 유입되기를 원한다. 문제는 가계 일자리나 소득이 정체하는 상황에서 부동산 시장에 돈이 계속 유입되려면 가계의 미래 소득

(부채)을 동원할 수밖에 없다. 이러한 순환구조는 상대적으로 단기적인 수익 추구에 매몰된 금융 자본이 주도한다. 앞에서 지적했듯이 월가 금융 자본의 논리로 한국의 금융시장과 시스템을 재구성한 김대중 정부 때부터 모피아가 가계를 금융 자본의 먹잇감으로 던진 이유이다.

문제는 부채는 미래 소득을 당겨쓰는 것을 의미하기에, 가계 부채로 부동산 시장을 떠받치려면 가계의 좋은 일자리와 소득 증가 등이 뒷받침되어야만 한다는 것이다. 그런데 일자리와 소득 창출 등으로 돈이 덜 배분되는 경제에서 가계 부채 증가는 오히려 소비와 성장, 가계 소득의 둔화로 이어질 수 있고, 이런 구조에서 가계 부채로 부동산자산 가치를 떠받치는 것은 지속 불가능하다. 실제로 1992~2022년간 가계 부채와 가계 소비는 -0.94(94%)의 상관성을 보인다. 가계 부채 증가에 따른 가계 소비의 둔화는 자연스럽게 성장률 둔화로 이어진다. 1990년대, 특히 외환위기 이후 한국이 수출 주도 성장, 더 나아가서는 수출에 목을 매는 경제 구조로 바뀐 배경이다.

흥미로운 점은 김대중 정권에서 (GDP 대비) 가계 소비 비중이나 성장률의 하락폭이 가장 컸다는 사실이다. 이는 외환위기 충격도 원인으로 작용했지만, 2000~2002년 3년간 기준으로 가계 부채가 역대 최대로 증가한 사실에서 비롯한다. 김대중 정권에서의 3년간 18.9%p의 가계 부채 증가는 문재인 정권에서의 2018년 3분기~2021년 3분기까지의 3년간 14.5%p보다 높았고, 1년 기준으로도

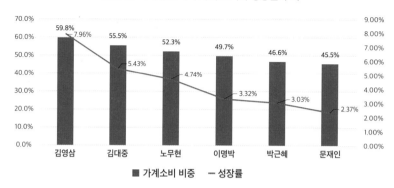

〈그림 8〉역대 정권에서 가계 소비와 성장률 추이

출처: 한국은행

(가계 부채 증가 속도가 가장 빨랐던 시기를 기준으로) 김대중 정권의 2001년 3분기 이후 2002년 3분기까지의 10%p 증가가 문재인 정권의 2020년 1분기 이후 2021년 1분기까지의 8.8%p 증가보다 높았다. 이는 '평화적 정권 교체' 및 최초의 남북 정상회담(6·15 공동선언) 등 민주주의와 남북 관계에 이정표를 세운 업적에도 불구하고 (앞에서 소개했듯이) 민주주의의 알맹이인 공공금융의 '사실상' 해체의 산물이었다.

김대중 정부 이래 가계 부채의 증가는 가계 소비를 억압하는 요인으로 작용했다. GDP 대비 가계 부채가 10%p 상승할 때마다 GDP 대비 가계소비는 2.4%p 감소했다. 그리고 가계 소비 감소는 성장률 하락으로 이어졌다. 김영삼 정권에서의 연평균 8% 성장률은 문재인 정권에서의 연평균 2.4%까지 하락했다. 약 60%에 달했던 GDP 대비 가계 소비 비중이 46%까지 하락한 결과였다.

가계 소비 비중이 1%p 하락할 때마다 성장률은 0.87%p씩 하락한 것이다. 내수의 핵심인 가계 소비의 둔화는 수출 의존도를 높이고, 이는 다시 국민총소득에서 가계 소득의 비중을 낮추었다.

결과적으로 GDP 대비 가계 부채 10%p 증가는 (국민총소득에서) 가계 처분가능소득 비중을 2.3%p 감소시켰다. 특히, 내수 의존도가 절대적인 자영업에 타격을 입혔다. 임금노동자 1인당 평균 소득 대비 자영업자 1인당 평균 소득의 비중은 (가계 소비와 가계 소득을 감소시킨) 가계 부채 증가에 따라 하락했다. 가계 소득과 가계 소비가 1%p 하락할 때마다 (임금노동자 소득 대비) 자영업자의 상대 소득에 각각 -4.1%p(가계 소득)와 -3.6%p(가계 소비)의 영향을 미쳤다.

한국은 오래전에 격차 사회가 되었다. 대기업과 중소기업 종사자의 소득 격차, 정규직과 비정규직 노동자 간 소득 격차, 그리고 임금노동자와 자영업자 간 소득 격차가 그것들이다. 이 중에서 가장 큰 소득 격차가 임금노동자와 자영업자 간 소득 격차인데 이 격차는 한국 사회의 특성이기도 하다. 1인당 자영업자 평균 실질소득이 2001년 정점을 찍고 최근까지 계속 하락하고 있고, 물가 변화를 반영하지 않은 명목소득도 2011년 이후 계속 하락하는 배경이다.

그 결과 1990년대 초까지만 해도 격차가 거의 존재하지 않았던 임금노동자와 자영업자 간 소득 격차는 문재인 정부 출범 전후에 40%가 무너졌다. 작은 충격만 받아도 자영업자가 폐업에 내몰리는 배경이다. 절대적인 소득 취약성으로 가계 부채 못지않게 자영업 부채가 급증하는 배경이다. 〈표 9〉에서 보듯이 자영업자 1인당 명목소득은 지난 10년간 연평균 0.7%씩 줄어들어왔다. 실질소득 기준으로 보면 지난 20년 넘게 연평균 2.3%씩 하락해왔다.

현대 사회에서 임금 불평등은 결혼율을 하락시키는 요인이라 말한다. 즉 경제학에서는 출산율을 결혼율로 설명하고, 결혼율을 결정하는 가장 중요한 경제 요인을 (임금 불평등 등) 소득 격차로 설명한다. 예를 들어, 남성이 상대 여성에게 청혼할 때 여성이 청혼을 결정하는 기준은 상대의 절대 소득 수준이 아니라 그 사회에서의 어느 정도 소득 수준, 즉 상대소득 수준으로 결정한다. 서양에서 만든 이론이지만, 비교하기 좋아하는 우리 사회에는 더 공감이 갈 것이다. 정규직과 비정규직 간 소득 격차만큼 양자 간 결혼율에 차이가 존재한다는 연구는 있었지만, 가장 격차가 큰 임금노동자와 자영업자 간 소득 격차와 결혼율은 주목하지 않았다.

OECD의 자영업자 기준으로 약 670만 명에 달하는 대한민국 자영업자 비중은 2022년 23.5%로 OECD에서 8번째로 높다. 한국보다 비중이 높은 나라는 콜롬비아, 브라질, 멕시코 등 중남미 국가들과 유럽의 그리스와 터키 정도이다. 미국은 6.6%이고, 아시아에서는 일본이 9.6% 정도이다. 자영업자 비중이 낮은 나라에서는 임금 불평등이 소득 격차의 핵심 요소이지만, 우리나라의 경우에는 고용된 임금노동자(이른바 월급쟁이)와 자영업자의 소득 격차가 정규직과 비정규직 간 소득 격차보다 클 정도로 자영업자는 격차 사회의 상징이다. 그리고 지난 30년 동안 가계 부채가 소비와 성장, 가계 소득 등에 영향을 미쳤다면 자영업자의 상대소득 비중이 가계 부채에 영향을 받을 것이고, 이렇게 자영업자의 상대소득이 구조적으로 하락하는 상황은 결혼율에 영향을 미칠 것이라는 사실도 쉽게 추론된다.

실제로 지난 30년간 임금노동자 대비 자영업자의 상대소득과 출산율 간의 통계적 상관성은 -0.91(91%)일 정도이다. 1992년 자영업자의 1인당 소득은 임금노동자 1인당 소득의 94%가 넘었으나 2022년 37% 밑으로 떨어졌다. 같은 기간 출산율 또한 1.76에서 0.78로 추락했다. 자영업자 상대소득이 10%p 하락할 때마다 출산율이 0.17명씩 하락한 결과이다. 가계 부채와 자영업자 상대소득이 비슷하게 움직였듯이 가계 부채 비중이 10%p 증가할 때마다 출산율은 0.16명씩 하락해왔다.

이러한 사실을 통해 그동안 천문학적인 저출산 예산의 투입에도 불구하고 효과를 보지 못한 이유가 이해된다. 한국 사회에서 결혼율에 영향을 미치는 첫 번째 요인이 소득 격차이고, 두 번째 요인이 주거비용인데 이 모든 것이 가계 부채와 그에 의존하는 부동산과 관련 있기 때문이다.

이처럼 가계 부채는 경제성장부터 인구구조까지 사회경제 전체에 부정적인 요인으로 작용하고 있다. 지난 30년간 가계 부채가 한국 경제와 사회를 어떻게 무너뜨려 왔는지를 정리하면 다음과 같다.

먼저 GDP 대비 가계 부채 비중이 10%p 증가할 때마다 GDP 대비 가계 소비 비중을 2.4%p 하락시키고, 다시 가계 소비 비중 10%p 하락은 성장률을 3.9%p 하락시킨다. 그 결과 GDP 대비 가계 부채 비중이 10%p 증가할 때마다 GDP에서 차지하는 가계 처분가능소득 비중도 2.3%p씩 줄어들었다.

가계 부채 10%p↑ → 가계 소비 2.4%p↓ (94%)
가계 소비 비중 10%p↓ → 성장률 3.9%p↓ (88%)
가계 부채 10%p↑ → 가계 소득 비중 2.3%p↓ (88%)

두 번째는 가계 소비 하락은 임금노동자와 (내수에 절대적으로 의존하는) 자영업자 간의 소득 격차를 확대시켰다. 실제로 가계 소비 비중과 가계 소득 비중이 각각 1%p 감소할 때마다 임금노동자 1인당 소득 대비 자영업자 1인당 소득 비중은 각각 3.6%p와 4.1%p씩 줄어들었다. 따라서 가계 소비와 가계 소득 비중 하락에 영향을 미치는 가계 부채 비중이 10%p 증가할 때 자영업자 상대 소득 또한 약 9.43%p씩 감소했다(〈표 9〉 참고).

문제는 (앞에서 지적했듯이) 최근(2022년 4분기~2023년 3분기)의 연 성장률이 1.1%로 사실상 일본의 잃어버린 10년(1992~2001)의 평균 성장률 1.0% 수준에 근접하고 있다는 점이다. 성장이 고갈되고, 가계실질소득은 2022년 3분기부터 줄어들고 있고, 가계 지출

<표 9> 임금노동자와 자영업자 소득 증가율

(임금노동자 소득 대비) 가계 소비 1%p↓ → 자영업자 상대소득 3.6%p↓ (92.3%)

가계 소득 비중 1%p↓ → 자영업자 상대소득 4.1%p↓ (91%)

가계 부채 10%p↑ → 자영업자 상대소득 9.43%p↓ (96.4%)

명목소득(만 원)	1981	1991	2001	2011	2021	2022	2011~2022년 연 증가율
노동자 1인당 소득	294	939	2,185	3,407	4,732	4,783	3.1%
자영업자 1인당 소득	242	905	1,634	1,898	1,778	1763	-0.7%

실질소득(만 원)	1981	1991	2001	2011	2021	2022	2011~2022년 연 증가율
노동자 1인당 소득	294	568	846	962	1,174	1,130	1.5%
자영업자 1인당 소득	242	547	633	536	441	416	-2.3%

자영업자 상대소득 10%p↓ → 출산율 0.17명↓ (91%)

가계 부채 10%p↑ → 출산율 0.16명↓ (90%)

출처: 한국은행, 국민계정에서 계산.

을 방어하기 위해 상, 하위 가릴 것 없이 가계 전체 계층이 식비까지 줄이는 상황에 내몰리고 있다. 이처럼 가계와 국가 경제를 약화시키는 대한민국의 가계 부채는 어떻게 멈춤 없이 증가하며 세계 최고 수준이 되었을까?

이는 앞에서 소개한 재벌(건설) 자본과 금융 자본의 이해의 결과인 부동산자산 중심 경제 구조의 산물이다. (부동산을 중심으로 경제적 이해관계를 형성하고 있는) 부동산 카르텔이 돈의 배분을 왜곡한 결과물이다. 그런데, 다시 말하지만, 소득과 인구 증가의 뒷받침

없이, (미래 소득을 당겨쓰는, 게다가 소득과 인구에 부정적으로 영향을 미치는) 가계 부채 증가만으로는 부동산 가치를 계속 상승시키기 어렵다. 부채로 쌓아 올린 부동산 모래성은 기생체이고 가계 부채는 숙주에 비유할 수 있다. 그런데 부동산 모래성이라는 기생체가 숙주의 기반인 소득과 인구를 파괴하고 있는 격이다. 기생체와 숙주가 공존하는 자연 세계와 달리 대한민국 사회경제 생태계는 기생체가 숙주를 죽이고 있는, 자기 파괴적 생태계이다. 부동산 모래성이 필연적으로 붕괴할 수밖에 없는 이유이다. 이것은 경제 이론이 아니라 상식의 문제이다.

그렇다면 대한민국이 갈 길은 무엇인가? 무너지는 낡은 집을 대체할 수 있는 새로운 집을 지어야만 한다. 평소 주변으로부터 흔히 듣는 이야기가 있다. "교수님, 살기가 너무 힘들어요. 무엇을 해서 먹고살아야 하나요?" 그러면 필자는 말한다. "질문이 잘못됐습니다. 무엇을 해도 먹고살기 어렵습니다."

다시 소개한다. 2021년 기준 대한민국에서 전체 소득 창출 활동자는 약 2,536만 명이었다. 주거와 생계를 같이 하는 세대 수가 약 2,347만 세대였으니 세대 평균 소득과 큰 차이가 없을 것이다. 기계적 중산층으로 분류하는 상위 30%~하위 30% 사이의 세후 연 소득이 4,076~1,484만 원에 불과했다. 월 평균 소득으로 환산하면 340~124만 원 정도이다. 이 소득이 이른바 중간 소득자의 소득 수준이다. 상위 20%의 세후 연 소득이 5,323만 원(약 월 444만 원)이었다. 이 말은 세후 월 소득이 444만 원도 되지 않는 소득활

〈그림 9〉 한국 사회에서 보통 사람의 소득 상황

세후 소득 (만 원)

상위 20%선	상위 30%선	50%선	하위 41%선	하위 30%선
5,323만 원	4,076만 원	2,630만 원	2,163만 원	1,484만 원

출처: 국세청 2021년 통합소득 자료.

동자가 2,054만 명이라는 뜻이다. 그런데 세후 월 소득으로 444만 원을 버는 사람은 자신을 중산층이라 생각할지는 모르겠지만, 자신이 경제적으로 여유 있는 삶을 살고 있다고 생각할 이는 거의 없을 것이다.

이렇게 보면 대한민국 대부분의 보통 사람은 한 마디로 소비할 여력이 없다. 지역 사회에 가장 많은 자영업종을 연상하면 고개가 끄덕여질 것이다. 필자가 거주하는 지역을 중심으로 보면 치킨집, 슈퍼마켓, 고깃집, 카페, 편의점, 피자집, 미용실, 아이들 대상의 학원, 개인병원과 약국 (그리고 지하철역 등 교통 중심지 근처의 술집) 등이 떠오른다. 꼭 지출해야만 하거나, 지출 최소화 제약 속에서 선택되는 업종들이다. 소비 여력이 있는 최상위층이나 이용할 수 있는 명품 매장이 동네에 들어올 수 있겠는가? 앞에 언급한 업종들이 동네마다 공통적으로 있는 것은 대부분 국민이 부족한 소득 안에서 그나마 선택 가능한 업종들이기 때문이다. 그런데 자영업자는 약 570만 명(+가족종사자 약 100만 명)에 달할 정도로 너무 경쟁적이다. 대한민국에서 보통 사람들의 현재 소득 수준에서는 무엇을 해도 먹고사는 것이 어려운 조건이다. 지난 2023년에 외식업 폐업률이 거의 20년 만에 10%대로 급증한 배경이다.

현실적으로 가계의 소비 여력 강화 없이 보통 사람이 먹고살기는 어렵다. 자영업이 공급 과잉 상태인 이유는 임금노동자 일자리가 부족하기 때문이다. 2021년 국세청에 따르면 급여를 받는 임금노동자(급여생활자)는 약 1,996만 명이었다. (상위 30%~하위 30%에 속하는) '기계적' 중간 급여생활자의 연(월) 세후 급여는 4,434(370)~2,091(174)만 원에 불과하다. 상위 20%의 급여생활자의 연 세후 급여가 5,667만 원(월 472만 원) 이하였다. 대한민국 급여생활자의 80%를 차지하는 약 1,597만 명이 월 472만 원 이하의 소득을 갖고 살고 있다는 말이다.

이는 급여가 높은 일자리가 부족한 상황에서 임금노동자로도 살기가 만만치 않음을 보여준다. 급여가 높은 일자리를 많이 만들어야 한다는 주장이 공허하게 들리는 이유이다. 수십 년간 정권의 성격과 관계없이 추진했으나 성과는 없고, 오히려 악화해 온 측면이 강하다. 좋은 일자리 만들기에 대한 발상 역시 바꾸어야 함을 의미한다.

이처럼 시장을 통한 경제활동으로 취득할 수 있는 대다수 국민의 소득은 너무 취약하다. 자원이 혁신이나 생산적 활동에 유입되지 않고 부동산으로 흘러가면서 생산성도 취약하다. 국제노동기구ILO에 따르면 (구매력으로 평가한) 2021년 노동생산성(노동시간 당 GDP)에서 한국은 41.46달러로 38위였다. G7 국가 중에서는 39.60달러를 기록한 일본보다 높을 뿐 영국 51.35달러, 캐나다 56.22달러, 이탈리아 56.92달러, 독일 58.31달러, 프랑스 58.52달러, 미국 70.68달러 등보다 낮을 뿐 아니라 싱가포르 74.15달러, 홍콩 57.06달러, 대만 53.14달러 등보다도 낮다.[6] OECD 기준으로 보더라도 2011년 대한민국의 노동생산성 33달러는 OECD 평균의 70%도 되지 못했다. 물론 2022년에는 43달러로 증가했지만, 여전히 OECD 평균의 81% 수준에 불과하다.

문제는 시장소득이 작은 상황에서 사회소득조차 낮다는 사실이다. 객관적으로 보더라도 한국의 사회소득은 너무 취약하다. (앞에서 소개했듯이) 조세부담률이나 국민부담률 등을 보더라도 OECD 평균 수준에 크게 못 미친다. 2020년 기준 OECD 38개국의 조세부담률을 보면 한국은 31위이다. 문제는 가계 부채가 급증했던 김대중 정부의 마지막 2년(2001~2002년) 동안 조세부담률이 17.3%로 변화가 없었다. 당시 OECD 평균은 24.6~24.3%였다. 민주화를 달성하면 (외환위기 이후 너무 힘들어진) 경제적 삶이 달라질 것을 기대했던 서민의 기대는 무산되었다. 김대중 정권에서 가계 소비지출이 가장 급감한 배경이다. '민주화의 배신'이었다.

---

6 ILO Modelled Estimates and Projections (ILOEST) Database, Nov. 2022 edition, ILOSTAT.

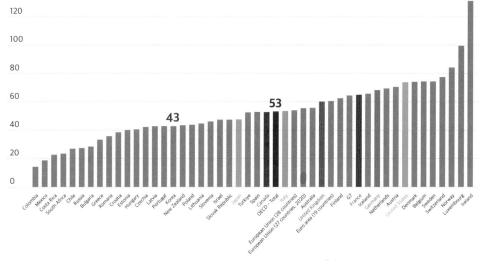

〈그림 10〉 노동시간당 GDP, US달러, 2022년

출처: OECD, GDP per hour worked

(사회의 구성과 운영 원리에서 말했듯이) 정치와 민주주의는 돈의 힘이 지배하는 시장영역이 사회 불균형을 심화시키지 못하게 견제하는 사회적 장치이다. 그런데 한국에서 정치와 민주주의는 시장에 대한 견제 역할을 하는 데 실패했다. 그런 점에서 부동산 공화국은 정치 실패와 민주주의 실종의 사생아였다.

반복하지만, 경제위기는 사회 붕괴와 동전의 앞뒷면을 구성한다. 대한민국에서 사회 붕괴와 경제위기가 공진화하는 배경이다. 따라서 대한민국 경제를 구하려면 사회의 복원이 필수적이다. 즉 그것은 사회적 생산 중 사회몫과 관련된 사회소득과 사회금융을 복원·강화하는 길이다.

국민은 "무엇으로 먹고살아야 하는가?"라고 질문하는 대신 소득과 금융에 대한 자신의 권리를 당당하게 요구해야만 한다. 마찬가지로 정치는 이를 제도적으로 실현해야만 한다. 사회소득의 강화는 상식선에서 가능하다. 현재 대한민국은 소득과 자산 등이 소수에게 너무 집중되어 있다. 대다수가 인정하는 내용이다. 이는 사회몫의 배분이 취약함을 말한다. 따라서 사회몫과 개인몫 간에 균형을 만들기 위한, 사회소득 배당세를 각종 소득과 자산에 부과하는 것은 정당하다. 단지, 이를 위해 사회 구성원 대다수의 지지를 받을 수 있도록 증세와 사회 보장의 내용과 방식을 바꿀 필요도 있다. 이제 구체적으로 적용해보자. (물론 아래 내용들은 앞에서도 한 번 다룬 것들이긴 하지만, 그 중요성을 생각하면 다시 한 번 강조해도 큰 무리는 없을 것이다.)

2021년 국세청 자료에 따르면 개인별 소득활동자는 약 2,536만 명이었다. 이들이 납부한 세금을 기초로 세율을 산정해보면 상위 0.1% 이내의 평균 세전 연소득은 약 18억 4,970만 원이고, 평균 납부한 세금은 6억 5,546만 원으로 약 35.4%에 달한다. (참고로 2021년 이후 10억 원 초과에 대한 최고 소득세율은 45%이다.) 따라서 세후 평균 연소득은 11억 9,424만 원으로, 매달 1억 원가량의 소득이 발생한다. 반면 50%선에 있는 소득활동자는 세전 평균 연소득이 2,660만 원으로 월 평균 소득은 222만 원이 되지 않는다. 이들은 소득이 낮다 보니 납부하는 세금도 약 30만 원에 불과하다. 그 결과 세후 평균 연소득은 2,630만 원(월 219만 원) 정도를 번다. 상위 0.1%의 소득은 중간 소득자 소득의 45.4배나 된다. 너무 차이가 크지 않은가.

이처럼 상위 소득자는 추가 세금을 부담할 여력을 갖고 있는 반면, 대다수는 너무 소득이 낮은 게 현실이다. 사회몫을 늘리는 길밖에 없다. 그 방법으로 전체 소득활동자 2,536만 명 모두에게 연 100만 원을 사회소득으로 지급하는 단순한 경우를 가정하자. 전체 재원은 약 25.4조 원이 들고, 이 재원 마련을 위해 현재 각 소득자가 납부하는 실제 세율대로 배분할 경우 100만 원의 사회소득에서 추가 세금 납부를 제외한 순소득의 변화를 계산한 것이 〈표 10〉이다.

상위 0.1%는 순소득이 약 2억 원 줄어들어 세후 연 소득이 약 10억 원이 되는 반면, 전체 소득활동자의 84%는 순소득이 증가한다. 특히 하위 50%는 순소득이 90~100만 원까지 증가한다. 현재 세후 연소득이 6,270만 원인 상위 15%선 소득자의 순소득 감소가 10만 원으로 감당할 만한 수준이다. 소득활동자 1인당 연 200만 원을 지급해도 20만 원의 추가 세 부담만 발생할 뿐이다. 초고소득층이 사회소득에 필요한 재원의 대부분을 부담하기 때문이다.

이러한 방식의 사회소득 강화를 경제적 순소득이 증가하는 84%는 적어도 지지할 것이다. 100만 원만 지급하더라도 매년 최저임금 인상률을 둘러싼 갈등도 완화할 수 있다. 2023년 최저임금(시간당 9,620원) 대상자 343.7만 명에게 시간당 1만 원을 채워주

〈표 10〉 개인별 통합소득에 대해 현재 세율로 사회소득 배당세를 배분할 경우

모든 소득활동자에게 100만 원 지급 시 계층별 순소득의 변화				현재 세후 소득	순소득
			10%	7,531만 원	-83만 원
	현재 세후 소득	순소득	15%	6,270	-10
			16%	6,052	-2
0.1%	11.94억 원	-2.0억 원	17%	5,847	5
0.2%	4.05	-0.51	20%	5,323	25
0.3%	3.09	-0.35	30%	4,076	65
0.4%	2.61	-0.27	40%	3,256	84
0.5%	2.31	-0.22	50%	2,630	91
0.6%	2.11	-0.19	60%	2,163	95
0.7%	1.95	-0.17	70%	1,484	95
0.8%	1.83	-0.15	80%	881	97
0.9%	1.74	-0.13	90%	421	99
1.0%	1.66	-0.12	100%	101	100

자료: 국세청 2021년 통합소득 자료로 산출

기 위해 필요한 재원은 1인당 95만 원이 채 되지 않는다. 소득활동자 하위 40%가 최저임금 기준 연소득이 되지 않는데 〈표 10〉에서 보듯이 이들에게 사회소득을 95만 원 이상 지급할 수 있기 때문이다.

사실, 개인 소득은 재원 마련이 가장 취약한 부문이다. 법인세의 경우 더 용이하다. 2022년 법인세에 대한 국세청 자료를 보면 과세 대상 법인 수는 98만 2,456개였다. 이 중 0.1% 이내 법인의 평균 수입액은 3조 1,902억 원이었고, 법인당 약 535억 원의 세금을

납부했고, 세후 수입이 법인당 3조 1,367억 원이었다. 법인당 수입 대비 세금 비율은 1.68% 정도였다. 그런데 수입이 상위 0.1%~0.2% 법인은 평균 수입이 3,428억 원이었고, 세금이 61억 원이 채 되지 않았지만 수입 대비 세금 비율은 1.77%였다. 수입이 거의 10배나 되는 법인보다 실제 세율이 더 높다. 50%선에 있는 법인의 경우 법인당 평균 수입이 4억 7,059만 원밖에 되지 않고, 이들은 법인당 평균 594만 원(세율 약 1.26%) 정도의 세금을 납부했다.

이들 법인에 대해 (앞에서 소개한) 소득활동자 모두에게 100만 원을 사회소득으로 지급하고, 이에 필요한 재원 약 25.4조 원을 현재 납부하는 세율대로 적용할 경우의 추가 세 부담을 정리한 것이 〈표 11〉이다.

수입이 상위 0.1% 이내에 속하는 법인의 경우 법인당 세후 수입이 3조 1,367억 원인데 (사회소득 배당세 부과로) 추가 세 부담은 154.5억 원 증가한다. 충분히 감당할 수 있지 않은가. 수입이 상위 10%선에 있는 법인의 현재 세후 수입은 543억 원인데 추가 세 부담이 2억 4,000만 원이 되지 않는다. 무리가 없어 보인다. 수입이 중간인 50%선 법인의 세후 수입은 약 4.7억 원인데 추가 세 부담은 171만 원이다. 대부분의 세 부담은 수입이 큰 법인에게 돌아간다. 그만큼 수입 격차가 크기 때문이다. 사회소득을 200만 원으로 늘려도 세후 수입이 3조 1,400억 원에 가까운 법인당 약 300억 원의 추가 부담이 돌아가는 것이다.

그런데 개인소득세나 법인소득세보다 더 집중된 것이 자산이

<표 11> 법인 수입에 대해 현재 세율로 사회소득 배당세를 배분할 경우

	현재 세후 수입	추가 세금
0.1%	3조 1,367억 원	154.5억 원
0.2%	3,367.34	6.9
0.3%	1,972.66	3.46
0.4%	1,379.63	2.43
0.5%	1,073.52	1.65
0.6%	881.02	1.25
0.7%	747.54	1.08
0.8%	649.3	0.88
0.9%	572.73	0.71
1.0%	511.24	0.66

모든 소득활동자에게 사회소득 100만 원 지급 시 법인의 추가 세부담 변화

	현재 세후 수입	추가 세금
10%	543억 원	1,268만 원
20%	34.0	808만 원
30%	16.33	452
40%	8.73	253
50%	4.65	171
60%	2.28	124
70%	8,935만 원	120
80%	1,921	85
90%	-846	0

자료: 국세청 2022년 법인세 자료로 산출

다. 자산 역시 개인보다 법인에 더 집중되어 있다. 한국 사회에서 자산은 부동산자산, 그것도 토지자산 소유의 집중이 심각하다. 토지는 모든 사회의 기초 유산이고, 존 스튜어트 밀이 유산세야 말로 가장 적합한 세금으로 가능한 최대의 세금을 부과할 것을 주장했듯이, 토지세는 사회소득의 훌륭한 재원이다.

2022년 현재 대한민국의 약 2,371만 세대 중 한 뼘의 토지도 갖지 못한 901만 세대를 포함 전체 세대의 85%에 해당하는 약 2,018만 세대가 보유한 토지가액이 949.7조 원인데 이는 약 14.7 만 세대에 해당하는 상위 약 0.6% 세대의 토지보유액(943.4조 원)

과 비슷하다. 상위 0.6% 세대의 평균 토지보유액은 64.2억 원이나 되지만 이들의 61배나 더 되는 하위 38% 세대는 0원이다.

소득에 대한 사회소득 부담세와 같은 방식을 적용할 경우 64.2억 원의 토지보유 세대에게는 추가 1,009만 원 정도의 세금이, 약 21.4억 원의 토지보유 세대에게는 추가 269만 원의 세금이, (…), 6억 5,800만 원 정도 토지보유 세대에게는 추가 14만 원의 세금

〈표 12.1〉 개인별 토지보유 규모에 따른 사회소득(세대당 100만 원) 부담 세금의 배분

2,370만 5,814세대 기준 (2022년)	세대당 토지소유액	국민토지배당 순혜택
상위 1%(전체 0.62%, 14.7만 세대)	64억 1,969만 원	-1,009만 원
상위 2%(전체 1.24%, 14.7만 세대)	21억 3,760만 원	-269만 원
상위 3%(전체 1.86%, 14.7만 세대)	15억 5,132만 원	-168만 원
상위 4%(전체 2.48%, 14.7만 세대)	12억 4,512만 원	-115만 원
상위 5%(전체 3.10%, 14.7만 세대)	10억 4,834만 원	-81만 원
상위 6%(전체 3.72%, 14.7만 세대)	9억 768만 원	-57만 원
상위 7%(전체 4.34%, 14.7만 세대)	8억 579만 원	-39만 원
상위 8%(전체 4.96%, 14.7만 세대)	7억 2,562만 원	-25만 원
상위 9%(전체 5.58%, 14.7만 세대)	6억 5,803만 원	-14만 원

	세대당 토지소유액	세대당 순혜택
상위 10%(전체 6.20%, 14.7만 세대)	5억 5,344만 원	+4.4만 원
상위 20%(전체 12.40%)	3억 229만 원	+48만 원
상위 30%(전체 18.60%)	1억 9,757만 원	+66만 원
상위 40%(전체 24.80%)	1억 3,802만 원	+76만 원
중간 50%(전체 31.0%)	9,986만 원	+83만 원
하위 40%(전체 37.19%)	7,181만 원	+88만 원
하위 30%(전체 43.39%)	5,052만 원	+91만 원
하위 20%(전체 49.59%)	3,259만 원	+94만 원
하위 10%(전체 55.79%)	1,492만 원	+97만 원
하위 1%	8,574원	+100만 원(-15원)
무토지 38.0%(901만 세대)	0원	+100만 원

출처: 다음 자료에서 가공. 이진수, 개인의 세대별 100분위 토지 지니계수, 토지+자유연구소, 2023.

이 부과된다. 세금을 추가 부담하는 세대는 전체의 6%가 되지 않는다. 토지가 하나도 없는 약 40%의 세대와 더불어 토지소유액이 5억 5,344만 원까지는 추가 세금 부담이 없을 뿐 아니라 최소 4만 원 이상에서 100만 원까지 국민토지배당을 받을 수 있다. 전체 세대의 94% 이상이 혜택을 보게 된다(〈표 12.1〉 참고).

법인 소유 토지의 경우 집중도는 더 끔찍하다. 2022년 기준 110만 2,673개 법인 중 토지를 보유한 법인은 전체의 25%에 해당하는 27만 5,786개인데, 이들 중 상위 1%가 전체 법인 보유 토지의 73% 이상을 차지하고 있고, 이들 법인당 평균 토지보유액은 약 4,452억 원에 달한다. 이들 법인에게 같은 방식으로 세대당 100만 원을 지급하기 위한 재원 23.7조 원을 토지소유액에 비례해서 배분할 경우 법인당 4,452억 원의 토지를 보유한 상위 1%에 속하는 법인의 평균 세 부담은 63.1억 원이다. 38억 원의 토지를 보유하는 상위 10%선에 있는 법인의 평균 세 부담은 5,403만 원, 4억 원 규모의 토지를 보유한 중간 50%선 법인은 평균 517만,원, 하위 10%의 법인은 31만 원의 세 부담을 갖는다(〈표 12.2〉 참고).

지금까지 간단히 소개한 사회소득만 강화해도 대부분 가계는 최소 연 300~400만 원의 사회소득을 확보할 수 있다. 그리고 그 효과는 엄청나다. 첫째, 가계의 소비 여력을 강화함으로써 국민경제의 성장뿐 아니라 가계의 소득과 일자리 증가 등에도 기여한다. 둘째, 소득 불평등의 개선, 특히 불평등 발생의 최대 요인인 토지 부동산자산에 대한 과세와 소득이 낮을수록 많은 배당

〈표 12.2〉 법인별 토지보유 규모에 따른 사회소득(세대당 100만 원) 부담 세금의 배분

전체 법인 110만 2,673개(27만 5,786개) 법인	법인당 토지소유액	법인당 부담
상위 1%(전체 0.25%, 2,758개 법인)	4,452억 원	63.1억 원
상위 5%(전체 1.25%, 3,447개 법인)	75억 원	1억 696만 원
상위 10%(전체 2.5%, 2만 7,579개 법인)	38억 원	5,403만 원
중간 50%(전체 12.5%, 3만 4,473개 법인)	4억 원	517만 원
상위 90%(전체 22.5%, 2만 4,821개 법인)	2,181만 원	31만 원
무토지 법인(전체 99.75%, 110만 개 이상 법인)	0원	0원

출처: 다음 자료에서 가공. 이진수, 법인 100분위 토지 지니계수, 토지+자유연구소, 2023.

을 받는 소득 이전으로 불평등을 크게 개선하게 된다. 셋째, 부동산 투기에 따른 기대 불로소득이 낮아짐으로써 투기를 완화한다. 넷째, 세금을 거둔 후 그 세금을 바로 국민에게 배당해줌으로써 재경 관료의 개입을 원천적으로 차단한다. 국민 주권 강화의 효과가 있다. 다섯째, 사회소득이나 토지배당 등의 일부를 지역화폐로 나누어 주면 지역경제 활성화와 자영업자 소득 개선에도 기여한다. 여섯째, 저소득층이 가장 큰 혜택을 입음으로써 저소득층의 최저임금에 대한 의존도를 낮출 수 있고, 그 결과 사회경제적 약자들인 을과 을 사이의 갈등을 해소할 수 있다. 일곱째, 설사 보수정권으로 바뀌어 사회소득세 및 토지배당세를 이전으로 환원시키게 되면 대다수 국민의 소득 감소로 이어져 정치적 저항에 직면하기 때문에 감세가 불가능한 불가역적 증세 방식이다. 여덟째, 노동소득 이외의 추가 소득이 발생하면 많은 국민이 자신이 하고 싶었던 일을 시도할 수 있어, 개인적으로는 삶의 질 향상과 사회적으로는 혁신 활성화 등을 기대할 수 있다. 특히

(앞에서 소개했듯이) 사회금융까지 결합할 경우 창업 활성화 효과도 기대할 수 있다. 현재 주저앉는 대한민국 경제를 살리려면 가계 소득 강화와 혁신 활성화가 무엇보다 필요하다는 점에서 사회소득 강화와 사회금융 복원이 가장 현실성 있는 대안이다.

한국형 양적완화와
기본주택

사회 정상화는 새로운 집을 짓는 것을 의미한다. 새로운 집을 짓는다는 것은 낡은 집인 부동산 모래성의 붕괴를 전제로 한다. 2023년은 (금리가 인상되자 가처분소득의 감소로 이자 상환조차 부담스러운 상황에서 자산가치 붕괴 조짐이 나타나는) 이른바 '민스키 모멘트Minsky's moment'가 도래하자 정부가 (특례보금자리론, 50년 모기지, PF대출 연장 등) 정책주택금융 지원으로 붕괴를 일시적으로 막았던 해였다. 실제로 2008년 이후 2022년까지 정책주택금융의 분기당 증가율은 3.2%였으나 2023년 3분기 동안 증가율은 4.2%로 증가했다.

그러나 문제는 정책주택금융으로 주택 거래의 일시적 회복을 자극했으나 (앞에서 설명했듯이) 가계의 소득 감소와 식비 축소까지 진행될 정도로 가계 부채가 임계점에 도달한 상황에서 정책주택 금융으로는 방어가 쉽지 않다는 점이다. 그 결과가 태영건설 워크아웃이다.

본질적으로 태영건설 워크아웃은 수십 년간 진행해온 부동산 부채 모래성 쌓기의 결과로 인한 건설업의 과잉에서 비롯한 것이다. 건설업과 부동산의 구조조정이 불가피함을 보여주는 것이다. 그런데 경제관료들은 (대한민국의 고질병 중 하나인) 해외사례 베끼기, 그것도 실패한 일본 사례 베끼기를 하고 있다. 금융지원으로 부실기업 연명시키기, 정부의 대규모 토목건설 사업으로 건설사 수입 만들어주기, 금리 인하로 주택시장 부양하기 등이 그것이다.

일본에서 1990년 11월 교와 개발회사가 파산하자 1991년 1분기를 정점으로 일본의 주택가격은 장기 하락의 길에 접어든다. 당시 (건설 자본과 유착된) 일본 자민당(자유민주당) 정부는 부실기업에 금융지원을 하고 시장이 회복하면 모든 것이 정상화될 것이라 판단, 산업 구조조정보다는 연명을 선택했다. 1991년 3월 일본은행은 8.28%였던 콜금리를 공격적으로 인하하여 1995년 하반기부터는 1% 밑까지 내리고, 90년대 말부터는 사실상 제로금리를 시행했다. 그리고 일본 정부는 대규모 SOC 사업을 펼치기 위해 건설국채를 대규모 발행했다. 1980년대 후반에 27조 엔 규모였던 건설국채 순발행액은 1990년대 109조 엔(=전반기 57조 엔+후반기 52조 엔)으로 증가했다. 그럼에도 주택가격은 계속 하락했다. 주택가격 하락에 따른 손실이 이자 비용 절감에 따른 혜택보다 크다 보니 민간자금이 주택시장으로 유입되지 않았기 때문이다.

그 결과가 일본 정부 부채 급증의 뿌리이다. 1991년 (GDP 대비) 일본 중앙정부 채무는 45%였는데, 2001년에는 101%로 급증했다. 2000년 이후 일본 정부 채무의 급증은 적자재정 자금 충당에 필요한 국채 발행이 주도했는데 1990년대 건설국채 발행 급증의 결과물이다. 예를 들어 1990년 일본 정부가 발행한 국채는 166조 엔이고 이 중 65조 엔(39%)이 적자 충당 국채였고, 건설국채가 102조 엔(61%)이었다. 그런데 2000년에 국채는 368조 엔으로 급증했고, 이는 적자 충당 국채 158조 엔(43%)과 건설국채 209조 엔(57%)이었다. 다시 2010년 국채 규모는 636조 엔으로 증가했는데 적자 충당 국채 390조 엔(61%)과 건설국채 236조 엔(39%)으로 역전되었다. 1990년대 이후 발행이 급증한 건설국채가 일본 정부 채무의 눈덩이를 만든 것이다.

이처럼 1990년대 10년 동안 비싼 비용을 지불하고 나서 1999년부터 일본은 산업 구조조정을 시작한다. 또 하나의 대표적 비용이 좀비기업의 급증과 그에 따른 생산성 및 성장 둔화 등으로 요약되는 이른바 '잃어버린 10년'이다.

구조조정이란 수익성이나 성장성이 없는 사업을 정리하고, 새로운 성장동력이나 수익성 사업을 만드는 것이다. 사람 몸에 비유하면 쉽게 이해할 수 있다. 잘못된 식생활로 몸무게가 늘고, 그에 따라 당뇨나 고지혈증, 고혈압 등이 생긴 몸의 건강을 되찾으려면 먼저 식이요법으로 체중을 조절한다. 그러나 체중만 조절해서는 건강을 되찾을 수 없다. 건강한 식단과 더불어 운동을 통해 몸의 근육도 만들어야만 한다.

일본은 산업경쟁력 강화를 위해 1999년 '산업활력재생특별법'

을 제정한다. 이 법은 구조조정의 사업 정리 차원의 통·폐합을 위해 인수합병을 지원하기 위한 것이었다. 실제로 많은 업종의 통·폐합이 진행되었다. 그와 동시에 새로운 수익사업과 성장동력 만들기 차원에서 창조산업 육성을 목표로 내건다. 산업 구조조정 추진으로 2000년대 초에 많은 건설사가 파산한다.

일본의 산업 구조조정이 성공했더라면 '잃어버린 20년' 혹은 '잃어버린 30년'은 없었을 것이다. 통·폐합에서는 성과를 거둔 반면 창조산업 육성은 처참하게 실패했기 때문이다. 오늘날 일본에서 가장 기업가치가 많이 나가는 기업을 보면 쉽게 이해된다. 2023년 말 기준, 1위인 도요타가 2,500억 달러가 되지 않는다. 2위 기업이 1,200억 달러가 채 되지 않는 소니다. 3위와 4위와 5위가 겨우 1,000억 달러에 턱걸이한 통신회사 NTT와 금융그룹 미쓰비시 UFJ 파이낸셜과 전기 부품·장비 제조사인 키엔스 등이다. 1조 달러가 넘는 미국 상위 플랫폼 기업들이나 심지어 3,000억 달러 이상은 유지하는 한국의 삼성전자 등과 비교할 때 너무 초라하다.

무엇보다 4차 산업혁명 관련 신산업이 보이지 않는다. 2014년 창조산업 육성 결과를 평가하는 보고서(E. Kakiuchi and K. Takeuchi, "Creative Industries: Reality and Potential in Japan")가 나왔는데, 그 결과를 보면 충격적이다. 1999~2011년 사이에 전체 산업 기준에서 창조산업들의 매출과 고용과 사업체 수 변화는 각각 -14.3%, -14.0%, -26.9%였다. 특히 제조업과 관련된 창조산업들은 각각 -45.6%, -50.5%, -50.3%였다. 창조산업 육성이 처참히 실패한 이유는 제조업과 전혀 다른 창조산업을 제조업 육성 방식으로 접근했기 때문이다.

지금 윤석열 정부가 태영건설을 처리하는 방식을 보면 2015년 대우조선해양(현 한화오션)을 처리할 때가 연상된다. 당시 4조 2,000억 원이라는 천문학적인 자금 수혈이 산업은행 주도로 추진됐다. 대우 조선해양의 부실화가 기본적으로 금융위기 이후 세계 교역의 둔화 속에 해운업 및 조선업의 과잉 문제의 결과였듯이, 2015년과 16년 수출 급감에 따른 기업 부실 문제에 직면한 박근혜 정부가 2016년 에 도입한 것이 '기업 활력 제고를 위한 특별법'(일명 원샷법)이었 다. 그런데 이 법은 일본의 1999년 '산업활력재생특별법'을 베낀 것이었다. 그리고 박근혜 정부의 상징인 '창조경제' 육성도 일본 의 '창조산업' 육성의 베끼기였다. 그리고 지금 윤석열 정부가 부 동산과 건설 부문의 부실 문제에 접근하는 방식도 (앞에서 거론했듯 이) 자산시장 거품이 꺼지자 일본 정부가 내놓은 대책과 정확히 일치하지 않는가.

2024년 윤석열 기재부(최상목)는 예산의 75%를 상반기에 집행 하고 특히 대규모 SOC 사업 추진을 천명하고 있다. 이와 더불어 2차 정책주택금융으로 약 27조 원 규모의 '신생아특례론'을 추진 하고 있다. 신생아특례론은 2023년 1차 정책주택금융(특례보금자 리론 약 40조 원)에 비해 이자 지원이 핵심이다. 그런데 그 이자 지 원의 규모가 특례보금자리론에 비해 연 1,450~750만 원 추가하 는 것이다. 한국은행이 금리를 아직 내리지 못하는 상황에서 정부의 금리 지원으로 금리 인하 효과를 만들겠다는 것이다.

그런데 (앞에서 일본은행의 공격적 금리 인하가 효과를 보지 못한 데서 보듯이) 한국 역시 효과를 보기 어렵다. 2023년 전국 아파트(9억 원 기준) 가격 하락이 평균 6,030만 원이었기 때문이다. 실수요자라 하더라도 이자 혜택보다 4배나 더 되는 손실을 예상하면서 주택 구입에 선뜻 나설 사람은 거의 없을 것이기 때문이다. 가장 본질적인 문제는 지난 수십 년간 쌓아올린 부동산 부채 모래성으로 인해 부동산과 건설 부문이 과잉 상태라는 점이다. 이는 부동산과 건설 부문의 규모 축소가 불가피함을 의미하는 것이다. 지난 2023년에 특례보금자리론이 마중물 효과를 만들어내지 못한 근본 이유도 여기에 있다.

이처럼 시장은 이미 정책주택금융의 제한적 효과를 경험했다. 선거(4월)를 앞두고 2차 정책주택금융을 최대한 투입하고 있지만 마중물 효과를 만들어내지 못할 경우 시장에서는 오히려 이를 에너지 소진으로 해석할 가능성이 크고, 그 결과로 공포 확산 단계로까지 진행할 것이다.

가계 소비, 기업 설비투자, 그리고 수출 등 성장 에너지가 약화한 상황에서 부동산 시장의 침체는 자산가치의 하락을 의미하고, 이로 인해 소비의 추가 침체의 악순환으로 이어질 수밖에 없다. 이미 일본의 잃어버린 10년 수준으로 성장률이 하락한 상태에서 부동산 시장 침체가 더해지면 향후 한국 경제의 성장률은 일본의 1990년대 잃어버린 10년보다 더 낮아질 가능성이 크다. 일본이 부동산 시장 침체와 경기침체가 맞물린 후 초금융완화 등의 백약이 무효했듯이 한국의 금리 인하 카드 역시 효과를 보기 어려울 것이다. 게다가 코로나 팬데믹 이전의 이지 머니Easy money 시대를 다시 기대하기 어렵다는 점에서 일본의 90년대보다 불리한 상황이다.

이처럼 일본의 잃어버린 10년보다 더하다면 그것은 누구도 가보지 않은 길이 될 것이다. 이 상태를 방치하면 (내수 의존이 높은 자영업과 중소기업의 천문학적 규모의 부채까지 붕괴하며) 한국 경제는 정말로 주저앉을 것이다. 따라서 적당한 시점에 (금융회사 구제에 초점을 맞춘 미국형 양적완화와 달리) 가계 구제에 초점을 맞춘 '한국형 양적완화'가 불가피하다. 주택금융공사가 금융권의 주택담보대출을 인수한 후 주택금융공사가 매입한 주택을 장기공공임대로 전환하는 것이다. 주거 불안을 겪는 많은 세입자의 주거 문제를 안정화하는 계기로 만들 수 있다. 모든 국민이 기본적인 주거시설을 확보할 권리를 실현하는 것이다. 게다가 주택 매물 압력은 완화할 것이고 주택 소유를 포기한 가계도 여유 자금(주택자산 중 자기자본 부분)을 확보할 수 있을 것이다. 그리하여 부채 상환 부담에서 해방되고 소비 여력도 확보하게 될 것이다. 이는 차기 정권의 과제이다.

교육 혁명

새로운 집을 짓는다는 것은 사회 구성원의 먹고사는 문제가 안정되고 그 연장선에서 국가 경제력의 강화로 이어지는 것을 말한다. 먹고사는 문제는 경제 구조적으로는 (경제생활에 필요한 유·무형의 가치를 만들어내는) '산업'의 문제이다. 즉 산업은 사회 구성원의 일자리와 소득의 원천이다.

산업은 어떻게 만들어지는가? 새로운 가치를 만들어내는 새로운 산업의 출발점은 '새로운 시도' 이른바 '혁신'이다. 새로운 시도들이 활성화되려면 세상을 새롭게 해석하는 눈이 필요하다. 새롭게 해석하는 눈은 사람의 변화를 의미한다. 서양 산업문명의 출발점으로 (인간성 해방을 위한 문화혁신, 즉 정신운동인) 르네상스를 지적하는 배경이다. 자유로운 정신을 중앙은행 시스템과 유한책임 제도 등 사회제도의 혁신이 뒷받침함으로써 기술혁신이 꽃을 피웠다. 기술혁신이 새로운 기술들을 활용한, 혹은 그것들과 연관된 새로운 사업모델(가치 창출 방식)들을 등장시키고, 기술에 기반한 사업이 현실에 뿌리를 내려 하나의 생태계가 완성되면 새로운 산업으로 부상한다.

1990년대 중반부터 본격화한 인터넷 및 정보기술IT 혁명들은 새로운 사업모델로 닷컴기업을 등장시켰고, 닷컴기업은 디지털상에서의 연결 강화 필요성으로 플랫폼기업으로 진화했다. 새로운 사업모델들은 모바일 기술혁신과 그에 따른 초연결을 통해 데이터의 폭발적 증가를 가져와 인공지능AI 기술혁신 등으로 이어졌다. 그리고 현재는 디지털상에 모든 것을 통합하려는 방향을 모색하고 있다. 이 과정에서 중요한 부분이 빠져 있다. 새로운 기술에 기반한 디지털 세상에서의 사업모델, 즉 가치 창출 방식은 이전과 다르기에 '세상을 해석하는 다른 눈'을 요구한다. 디지털상 사업모델의 전제조건은 디지털상에 생태계를 구축하는 것이다. 디지털 사업모델들이 연결과 통합을 전제로 하고, 이를 위해 (기존의 오프라인 사업모델들과 달리) '이익 공유'를 필요조건으로 하는 배경이다. 나아가 연결된 것들과 가치를 공동으로 창조해내기 위해서는 '협력'을 만들어내는 것이 충분조건이다. 오프라인 세상의 자기 이익 극대화와 그것을 위한 경쟁력을 배타적으로 확보하려는 사업모델들과는 기본 성격이 다르다.

그리고 물적 자본의 보조 역할을 한 산업사회의 노동력과 달리 디지털상에서의 가치 창출에는 새로운 사업모델(예: 유튜브, 아이튠즈 뮤직스토어 및 앱스토어 사업모델)이나 디지털 형태의 상품(예: 앱, 콘텐츠, 게임) 개발 등에 필요한 창의적 아이디어가 중요한 역할을 한다. 그러다 보니 기업의 매출액이나 경제성장률 등에 비례하여 고용이 증가하지 않는다. 디지털 무형재는 상품(예: 영화, 음원, 게임 등 디지털 창작물이나 앱 같은 디지털 소프트웨어)으로 개발하는 과정에서만 노동력이 요구되고, 개발한 상품의 매출액 증가가 (산업사회에서 자동차 판매량의 증가 때처럼) 노동력을 추가로 요구하지 않기 때문이다. 더구나 AI 기술의 상용화로 기존에 존재하는 지식이나 정해진 답 등을 찾는 일은 노동력이 더는 수행할 필요가 없다. 플랫폼 사업모델이 모바일 기반 플랫폼 생태계로 진화한 후 생태계 확장을 만들어내지 못하는 배경이다.

플랫폼 사업모델에는 아마존형, 구글형, 애플형 등 여러 유형이 존재한다. 플랫폼 사업모델의 궁극적 목표는 디지털 생태계에 모두를 담을 수 있는, 이른바 메타버스형 플랫폼이다. 메타버스Metaverse의 의미가 초현실이나 가상을 의미하는 메타Meta와 우주나 세계를 의미하는 유니버스Universe의 합성어이듯이 메타버스는 모든 세계가 다 들어온 디지털 생태계를 뜻한다. 그런데 지금까지 구축된 플랫폼들은 사업(자) 중심의 파편화된 플랫폼이다. 그러나 디지털 생태계를 의미하는 플랫폼은 디지털상에 모두가 통합된 생태계를 지향한다. 이러한 생태계를 구축하려면 사적으로 지배되는 중앙집중형 플랫폼에서 벗어나야만 한다. 예를 들어 디지털상에서 연결을 통해 엄청난 규모의 데이터를 확보한 플랫폼 사업모델들이 그 데이터들을 공유하지 않고 있다. 개방과 공유와 협력으로 구축한 플랫폼 사업모델들이 (자신들이 혐오하던) 전통적 독점 대기업의 모습으로 퇴화한 것이다. 혁신이 정체되는 이유이다.

그렇다 보니 소수의 플랫폼 사업모델 개발자와 다수의 플랫폼 노동자 간에 천문학적 소득 격차가 확대되고 있다. 많은 플랫폼 노동자는 심지어 AI 밑에 편제되고 있다. 1:99의 사회가 아니라 0.0001%에게 부가 집중되는 승자독식의 세상을 들어가고 있고, 그 결과 불평등조차 새로운 국면으로 만들고 있다. 플랫폼 사업 모델이 지향하는 메타버스형 플랫폼이 되려면 적어도 플랫폼에서 발생하는 데이터가 모두에게 개방되고 공유됨으로써 그 데이터들을 매개로 다양한 협력(연결)을 통해 가치의 공동창조가 자유롭게 이루어질 수 있어야만 한다. 혹자는 다음의 질문을 할 것이다. "그렇다면 메타버스형 플랫폼을 만든 주체는 무엇을 얻을 수 있는가?" 이는 다음 장에서 소개하는 화폐의 문제로 뒤로 남겨두자.

플랫폼의 경쟁력 측면에서 볼 때 메타버스형 플랫폼으로의 진화는 불가피하다. 문제는 메타버스형 플랫폼에서 살아갈 인간의 역할이다. AI 기술의 지원과 더불어 디지털상에서 지구상 모든 사람과의 연결(협력)이 가능한 조건에서 가치의 공동창조에 기여할 수 있는 존재가 되어야 함은 쉽게 상상할 수 있다. 여전히 전통적인 유형재(농산물, 제조업 등)의 가치 창출(생산)을 통해 살아갈 수도 있지만, (과거 산업화가 진행되며 농촌의 자원들이 도시로 이동했듯이) 많은 사람은 디지털상에서 협력을 통한 가치 창출을 하게 될 것이기 때문이다. 농업사회와 도시산업사회의 인간상이 각각 있었듯이 디지털 생태계에서의 인간상도 다를 수밖에 없다. 사람을 만드는 교육이 근본적으로 달라져야 하는 이유이다.

그런데 현재, 특히 제조업을 중심으로 압축성장을 한 대한민국의 경우, 교육은 여전히 기존에 존재하는, '정해진' 답을 빨리 그리고 정확히 찾는 능력을 키우는 데 초점을 맞추고 있다. 게다가 산업계 역시, 제품 개발(디자인과 설계 등)부터 제조 등 모든 과정을 갖춘 자기완결형 산업생태계를 만들어본 전통적인 선진국과 달리, 선진국이 만든 산업생태계에서 (시장 수요가 있으면서 빨리 쫓아갈 수 있는) 제조 부분에 집중해오다 보니 생태계를 구상하고 추진하는 역량이 떨어진다. 한국이 (노동력 1만 명 당 로봇 도입 대수인) 로봇밀도가 세계에서 가장 높다는 사실은 역설적으로 한국의 많은 노동력이 로봇으로 대체 가능한, 반복된 숙련을 수행하는 노동력임을 의미한다. 예를 들어, 새로운 상품을 디자인하거나 설계하는 능력보다 반복 업무가 로봇으로 대체되기 쉽기 때문이다.

대개 산업화 혹은 공업화로는 1인당 소득 1만 달러까지 도달한다. 한국의 경제성장을 흔히 압축성장이라 부르듯이 한국은 (제조 부문의 특화를 통해) '압축적 공업화'를 이루어냈다. 그 이유로 1만 달러 이후 한국은 (제조업 종사자 비중이 줄어드는) 탈공업화가 일본에 비해 2배나 빠를 정도로 압축적으로 진행했고, 그 결과 많은 노동력이 저부가가치 서비스 부문으로 이동했다. 대표적인 분야가 자영업이고, 오늘날 플랫폼 노동자가 21세기형 저부가가치 서비스 부문 종사자들이다.

그런데 AI와 로봇 기술의 발달은 이러한 저부가가치 서비스 부문의 노동력조차 소멸시키고 있다. 한국 사회의 일자리 문제가 심각한 배경이다. 일부 고부가가치 서비스 부문(의료, 법률 등)의 일자리는 진입장벽으로 인해, 그 밖의 나머지 분야의 일자리들은 현재 진행되는 기술로 인해 매우 큰 취약성을 드러내고 있다. 줄 세우기 교육의 속성과 결합해 교육 현장에서 갈수록 경쟁이 극심해지는 배경이다.

문제는 디지털 생태계에 필요한 인간상과 갈수록 멀어지고 있다는 점이다. 스스로 문제를 찾아내고 다른 사람과의 협력을 통해 문제를 해결하는 역량이 필요한데, 한국 사회에서 교육받은 학생은 대개가 스스로 문제를 찾아낼 줄도 모르고, 다른 사람과 협력을 만들어내는 데도 익숙지 못하기 때문이다.

이것이 모방을 통해 플랫폼 사업모델을 만들어도, 해당 분야에서 독점적 지위를 만든 후에는 (흔히 '먹튀'로 표현되는) 기업 매각으로 한몫 챙기고 손을 털거나, 아니면 데이터 독점력을 활용한 문어발식 사업 확장으로 이어가는, 즉 혁신은 중단하고 전통적인 재벌기업으로 퇴행하는 이유이다. 게다가 모방한 플랫폼 사업모델들조차 새로운 가치 창출 없이 IT에 기반한 전통 산업의 재구성 수준에 그치다 보니 기존 산업과의 갈등도 야기한다. 그러고는 규제 때문에 사업하기 힘들다고 불평만 늘어놓는다.

이 모든 문제가 뒤처진 교육을 포함한 사회혁신의 빈곤에서 비롯한다. 한국 사회는 근대 산업화에 뒤처진 트라우마가 있다 보니 기술만능주의 경향이 심하다. 기술혁신이 사회혁신 없이 불가능하다는 것을 모르는 것이다. 대한민국이 산업체계 다양화 및 전통 산업의 고부가가치화를 꾀하려면 혁명적 수준에서 교육 시스템을 재구성해야만 하는 이유이다. 강 생태계에 사는 생명체와 사막 생태계에 사는 생명체가 다르듯이, 제조업 생태계와 디지털 생태계가 전혀 다른 인간상을 요구한다는 것을 이해해야만 산업혁신이 가능하기 때문이다. 교육 혁명과 더불어 국민의 경제 기본권들을 구현할 때 새로운 집을 위한 최소조건을 갖추었다고 말할 수 있다. 이것들이 바로 정치의 과제이다.

3장

DOLLAR DEMOCRACY

화폐 권력의 이동

"모든 권력은 총구에서 나온다"는 말이 있지만, (금융 논리로 사회를 재구성한) 금융화 이후 일반 사람에게는 "돈이 힘이요 권력"이라는 말이 더 실감 날 것이다. 예를 들어. 1980년대 이래 월가-워싱턴의 밀월관계는 구조화되었다. 월가 경영자가 정부 공직에 들어가고, 공직을 물러난 후 다시 월가로 돌아가는 이른바 회전문 인사가 그것이다. 그런데 이러한 변화의 이면에 화폐 권력의 이동이 자리하고 있다는 사실을 아는 사람은 많지 않다. 근대 국가가 중앙집권적 정치체제이듯이 근대 화폐는 중앙집권 국가의 산물이다. 중앙은행과 시중은행을 법정(불환)화폐 없이 상상할 수 없듯이 은행시스템 자체가 국가 권력과 분리해서는 상상할 수 없다. 권력이 집중된 중앙국가와 힘의 근원인 '화폐'는 한 몸이었다. 달러의 힘이 미국의 힘의 상징인 것과 마찬가지이다.

그런데 1980년대 이후 금융화가 새롭게 부상한 금융 자본의 지배력을 상징하듯이 화폐 권력에 변화가 발생했다. 금융혁신이

라 불리는 '증권화'는 금융사에서 하나의 분기점이었다. '증권화'
란 쉽게 말해 (비현금성 자산을 현금으로 전환할 수 있는 정도를 나타내는)
유동성이 낮은 자산을 현금화하는 기법을 말한다. 대표적인 것
이 주택저당증권Mortgage-Backed Securities, MBS이다. 주택(자산)은 고가
이기에 많은 경우 대출이 포함되어 있다. 전통적으로 대출을 해
준 금융회사는 원리금을 회수할 때까지 대출금을 채권 형태로
보유했다. 이 대출 채권은 대출 만기까지 온전히 현금화할 수 없
다는 점에서 유동성이 낮은 자산이다. 또 다른 대출을 하려면 추
가 예금을 확보하거나 자금을 조달해야 했다. 그리고 추가로 조
달할 수 있는 자금은 기본적으로 중앙은행이 공급하는 (본원)통
화량의 크기에 의존한다. 그러나 주택을 담보로 대출해 준 채권
자산을 담보로 (채권 등) 증권을 만들어 매각하면 현금이 확보되
고 이 현금으로 또 다른 대출을 만들 수 있다. 이 증권이 바로 주
택저당증권MBS이다.

　여기서 주택 대출금 대신 자동차 대출금, 신용카드 사용 채권,
학자금 대출금, 공장 대출금 등에서부터 심지어 엔터테인먼트
로열티까지 다양한 비현금성 자산을 증권화하게 되었고, 이를
통용해서 자산담보증권Asset-Backed Securities, ABS이라 부른다. 유동성
이 낮은 자산을 모아 현금 흐름을 만들고, 이를 통해 유동성 낮은
자산의 가치를 높이고 동시에 소비자에게는 더 낮은 차입비용을
제공하고, 투자가에게는 (담보가 뒷받침되기에) 고품질 고정수입이
라는 매력적인 수익률을 보장해준다는 점에서 금융시장은 이를

최대 혁신으로 평가했다.

최초의 MBS는 1970년 미국 연방정부의 주택도시개발부Depart-
ment of Housing and Urban Development 산하, 이른바 정부보증기관인 지니
매Government National Mortgage Association, Ginnie Mae에서 개발됐다. 그러나
민간 차원에서 자산담보부증권ABS의 기원은 1985년에 스페리 리
스 파이낸스Sperry Lease Finance Corporation가 컴퓨터 장비 임대로 뒷받
침해 만든 증권이다. 임대는 대출과 비슷하게 예측할 수 있는 현
금 흐름을 수반한다. 스페리Sperry의 경우, 현금 흐름은 임차인에
의해 이루어진 지불로부터 얻어지기 때문이다. 주택담보대출자
로부터의 원리금이 MBS의 현금 흐름의 원천인 것과 마찬가지이
다. 스페리는 임대료 지불에 대한 권리를 특수목적법인SPV에 팔
았고, SPV에 대한 이자는 인수인을 통해 투자자들에게 팔렸다.

자산담보증권은 출현하자마자 폭발적으로 성장했고, 2021년
에 자산담보증권의 시장 규모는 2조 1,371억 달러에 달했다. 자
산담보증권의 출현은 금융회사가 자금을 시장에서 직접 조달하
게 되었음을 의미한다. 전통적으로 시중의 통화량 공급은 중앙
은행에 의해 결정되었다. 이른바 중앙은행의 통화공급 독점력이
다. 그런데 금융 자본이 중앙은행의 자금 지원 없이도 상당한 자
금을 조달할 길이 열린 것이다. 전문가들은 이를 금융의 외생성
外生性에서 내생성內生性으로의 진화라 부른다. 중앙은행의 화폐공
급 독점력에 금이 가기 시작한 것이다. 시장 상황에 따라 화폐공
급이 달라지면서 전통적인 통화정책이 통화량 중심에서 (통화량

조절을 통해 간접적으로 관리하던) 이자율 중심으로 변경한 배경이다.

이렇게 화폐 권력을 독점하던 중앙은행(중앙정부)의 입지는 상대적으로 약화하고, 그에 비례해 월가 금융 자본의 영향력이 증대하기 시작했다. 금융시장 상황이 어려워질 때 (공공연하게) 연준이 월가와 소통 및 협력을 해온 이유이다. 금융위기 때마다 연준이 취약계층보다 부실 금융회사 구제에 초점을 맞추는 배경이다. 공공선과 국민 이익을 촉진하기 위해 만든 중앙은행이 실종된 것이다. 독일 출생의 뉴욕 컬럼비아대 로스쿨 법학자, 카타리나 피스토어Katharina Pistor가 금융화의 결과와 정치 실종 간의 관계를 말하는 이유이다.

> "금융은 더이상 저축자로부터 대출자에게 돈을 전달하는 단순한 중개기관이 아니다. [금융의] 기능은 더 이상 원금과 이자를 갚겠다고 다짐하는 사람들의 손에 돈을 쥐어주는 데만 국한되지 않는다. 반대로 금융은 이제 정부를 포함한 다른 사람들의 의제를 설정하면서 운전대를 잡고 있다. (…) 시간이 흐르면서 금융은 경제에서 중요하지만, 단순한 중개 역할에서 더 나아가, 심지어 정부에 의한 대부분의 의사결정을 이끄는 원동력이 되었다. 금융화는 너무나 뿌리가 깊어져 우리는 정치를 배우지 못한 것처럼 보인다." (Katharina Pistor, Oct 5, 2023, "How Finance Became the Problem" Project Syndicate.)

화폐 권력은 또 한 번의 변화를 겪고 있다. (앞에서 소개했듯이) 오늘날 세상을 바꾸는 사람의 힘은 '연결'에서 나온다는 말이 있듯이 디지털상에서 '연결'을 통해 가치를 창출하는 플랫폼(=디지털 생태계)은 과거 농촌이라는 공간을 중심으로 한 농업활동에서 도시라는 공간을 중심으로 한 산업활동으로 이동했듯이 돈과 자본을 빨아들이는 블랙홀이 되고 있다. 돈의 힘이 금융에서 테크산업으로 이동한 배경이다. 미국 기업가치에서 2023년 기준 상위 5위에 이름을 올린 기업들—애플, 마이크로소프트, 알파벳, 아마존, 엔비디아—은 본사가 어디에 있든 모두 실리콘밸리를 상징하는 기업들이다. 주지하듯이, 애플은 2012년부터 시가총액 1위 기업이다.

테크 기업들의 경제력이 커지면서 워싱턴의 정치력에서도 실리콘밸리가 월가를 앞선 지 오래되었다. 실리콘밸리가 워싱턴의 로비 산업을 상징하는 '워싱턴 K 스트리트'에서 가장 큰 고객이 된 것이다. 2017년경 실리콘밸리의 로비자금 규모는 월가 로비자금의 2배가 넘었다. 2003년만 해도 로비자금으로 3만 달러를 지출했던 알파벳은 2018년에는 무려 2,185만 달러를 사용했고, 2022년에도 1,318.4만 달러를 지출했다. 상위 5대 기업의 2022년 로비자금 규모를 보면 아마존 1,970만 달러, 메타 1,920만 달러, 애플 940만 달러, 마이크로소프트 980만 달러 등에 달했다.

그리고 과거 월가와 워싱턴 사이에 형성된 회전문을 그대로 이어받아 실리콘밸리 중역들은 정부 고위직 자리를 쉽게 차지하고 있다. 로비의 주요 목적이 자신들에 대한 규제 해제와 세금 완화 등을 통한 이익 추구인 것은 월가와 다를 바가 없다. 월가와 다른 점이 있다면, 이들은 (공개적으로 보고되는) 로비자금 지출을 넘어, 불투명한 소프트파워 기술들을 활용해 (정부에 로비하고 시민사회에 영향을 행사하는 싱크탱크, 연구소, 산업협회 등) 정책 입안가들 및 시민들에게 영향력을 행사하고 있다.

　문제는 이들이 자체적인 화폐까지 사용하려 한다는 점이다. 금융위기를 계기로 금융 자본의 이익에 복무하는 연준에 대한 불만은 극도로 고조되었다. 이런 분위기에서 등장한 것이 블록체인 기술에 기반한, 이른바 암호화폐의 상징으로 여겨지는 비트코인이었다. 블록체인 기반의 비트코인은 '화폐 권력의 분산화'에 있어서 또 하나의 혁명이었다. 이는 화폐공급에 대한 국가 독점력의 약화를 의미한다. 분산형 네트워크 화폐의 성격을 갖는, 블록체인 기반의 암호화폐는 플랫폼형 디지털 생태계 부상의 결과물이다. (분산과 개방, 공유와 협력에 기반한) 플랫폼 사업모델은 국민경제 규모를 능가하기에 이에 기반한 새로운 화폐시스템의 부상은 자연스러운 성향이다. 동시에 공공선과 국민 이익의 촉진 실패와 더불어 금융 자본의 도구로 전락한 국가 독점 화폐시스템에 대한 실망과 불신의 반작용이다.

　2019년 국제적인 기업 컨소시엄을 구성해 페이스북(현 메타)이 추진한 암호화폐 리브라Libra는 이를 법정화폐에 대한 위협으로 느낀 각국 정부의 반대로 좌절됐다. 화폐 권력을 둘러싼 국가 권력과 새로 부상한 디지털 권력 간 이해관계의 충돌을 드러낸 사건이었다. 예를 들어, 미국과 유럽 등은 화폐질서 교란, 자금세탁, 마약거래, 테러자금 조달 가능성 등의 이유를 들어 리브라를 비난했다. 2020년 리브라를 디엠Diem으로 이름을 바꾸어 출시를 시도하고 있으나 커다란 진전은 없는 상태이다. 이제부터 리브라와 디엠의 성격을 통해 플랫폼 자본이 추구하는 화폐 권력의 속성을 추론할 수 있다. 은행시스템에서 배제되는 사람들을 포함 금융시스템에 대한 이용 비용을 낮출 수 있고, 블록체인 기술 활용으로 신뢰도 문제도 해결할 수 있기에 플랫폼에 연결된 사람 간에 독자적인 화폐를 사용할 수 있다는 것이다. 메타는 30억 명 이상의 페이스북 이용자를 대상으로 금융시스템을 구축하겠다는 것이다.

사실 이는 거대 플랫폼 사업모델의 기업가치가 보통 개별 국가의 경제 규모를 넘어설 때부터 예상된 것이었다. 예를 들어, 약 14억 명의 아이폰 사용자를 가진 애플의 경우 기업가치는 3조 달러 안팎인데 세계에서 GDP가 3조 달러를 넘는 나라는 6개국밖에 없다. 매출액을 기준으로 하더라도 세계 210개가 넘는 국가 중에서 약 40위 규모의 GDP에 해당한다.

국가별로 독립된 화폐를 갖고 있는 상황에서 웬만한 국가 경제 규모를 넘는 플랫폼 사업체가 독립적인 신용화폐를 갖는 것이 이상한 일이 아니다. 그리고 플랫폼 신용화폐 가치를 국가의 법정신용화폐 가치와 연동한다면 이용하지 못할 이유도 없다.

플랫폼 사업모델들은 플랫폼 신용화폐를 도입하면 플랫폼의 규모와 수익도 키울 수 있기에 플랫폼 신용화폐 도입을 매력적으로 생각할 수밖에 없다. 페이스북이 모든 플랫폼을 통합하는 메타버스를 지향하며 사명을 '메타'로 바꾼 이유도 여기에 있다.

이처럼 가치·창출 역량에서의 우위 때문에 경제의 플랫폼화, 즉 오프라인 산업생태계에서 디지털 생태계로의 이행은 불가역적이다. 2024년 들어 미국 증권거래위원회SEC에서 비트코인을 상장지수펀드ETF의 거래소 상장과 거래 승인을 할 수밖에 없었던 배경이다. 아마 머지않아 분산형 네트워크 화폐가 통화지표에 포함되는 일도 예상할 수 있을 것이다. 중앙은행의 화폐공급 독점력을 약화시킨 자산담보증권이 통화지표에 포함되었듯이 화폐 권력의 분산화 추세를 반영할 수밖에 없을 것이다. 그런데 디지털 생태계는 디지털 공간을 중심으로 모든 것을 통합하는 사업모델 성격상 국가 영토를 중심으로 구성된 전통적 경제 규모를 뛰어넘을 뿐 아니라 디지털상에서 모두를 연결하기 때문에 개방과 분산을 특성으로 하는 네트워크이다. 따라서 중앙집권적 국민국가 체제에서 사용하던 화폐시스템은 부적합하다. 블록체인 기술에 기반한 암호화폐가 '분산형 네트워크 화폐' 성격을 갖는 이유이다.

디지털 생태계로의 진화가 불가피하다는 점에서 중앙집중형에서 분산형 네트워크 화폐의 진화 역시 불가피하다. 문제는 (전통적인 국가 권력의 견제와 더불어) 디지털 생태계가 (앞에서 디지털 생태계의 현주소를 지적했듯이) 가치의 공동 창조와 이익 공유를 충분히 실현하지 못하다 보니 (사업자 중심의 파편화된) 플랫폼 사업모델의 한계를 그대로 드러내고 있다는 점이다. 디지털 생태계에서의 화폐시스템은 분산과 개방과 공유가 핵심이기에 기존 중앙집중형 플랫폼 사업모델에서의 데이터 독점이라는 기득권을 내려놓아야만 제대로 구현될 수 있다. 앞에서 유보한 메타버스형 플랫폼으로 진화할 경우 플랫폼에서 사용하는 분산형 네트워크 화폐의 공급에 따른 이익을 취득할 수 있다. 메타버스형 플랫폼에서 가치 창출이 증대할수록 이 플랫폼에서 사용하는 분산형 네트워크 화폐의 가치도 상승할 것이기에 모두가 이익을 배분받게 된다. 이는 물론 메타버스형 플랫폼의 완성과 맥을 같이할 것이기에 상당한 시간이 소요될 수밖에 없다. 이는 새로운 사회질서로의 이행을 의미하는 것이기 때문이다.

흔들리는
달러(미국채)의 힘

2022년과 2023년은 경제학 교과서에서조차 안전자산으로 간주하는 '미국채'가 '위험자산'으로 전락한 해들이었다. 미국채 가치는 1980년대 중반 이래 발행가치(액면가치)를 밑돈 적이 없었다. 코로나 팬데믹 직전인 2020년 2월 말부터 긴축하기 이전까지 연준 부채(자산)는 약 4조 8,000억 달러가 증가했다. 미국 연방정부의 재정을 지원하고 주택시장 부양을 위한 이른바 양적완화였다. 코로나 팬데믹 발발 이후 정부의 천문학적 재정 투입을 뒷받침하기 위해 연준은 약 3조 3,000억 달러의 국채를 추가 매입했다.

그 결과 국채 가격은 급등했고 2020년 7월에는 발행가 대비 수익률이 9%를 넘어섰다. 그러나 연준이 긴축으로 전환하며 상황은 역전되었다. 2022년 10월에는 수익률이 −8.9%까지 하락했고, 그 이후 수익률이 안정되다가, 다시 2023년 10월에는 다시 −10% 넘게 하락했다. 인플레 진정과 연준 금리 인상이 사실상 종료되는 분위기가 형성되면서 국채 가격은 급등하기 시작했고,

그 결과 11월에는 수익률이 −8.0%로 축소되었지만, 여전히 발행가격으로 매입한 투자가들에게 큰 손실을 입히고 있다.

미국채 가격은 달러의 힘과 동의어이다. 미국채 가격이 상승하는 것은, 미국채에 대한 수요가 살아난다는 것을 의미하고, 이는 미국 경제력에 대한 신뢰를 의미하기 때문에 곧 달러에 대한 신뢰를 말한다. 그런데 달러의 위상에 중요한 변화가 일어나고 있다. 그 변화는 2023년 6월 14일 미국 하원 주택금융서비스위원회House Financial Services Committee에서 확인되었다.

재무부 장관 재닛 옐런Janet Yellen은 미국의 제재가 달러 거래에 영향을 미칠 수 있느냐는 공화당 워런 데이비슨Warren Davidson 하원 의원의 질문에 "일부 국가가 대안 통화를 찾도록 동기를 부여했다"고 인정했다. 이어 민주당의 비센테 곤잘레스Vicente Gonzalez 의원이 프랑스 등 전통적인 동맹국들조차 최근 비달러화 거래를 하고 있다며 미국이 제재 사용을 늦춰야 하는지, 그리고 달러의 국제적 위상이 줄어들고 있는지에 대해 질문하자 옐런은 "성장하는 글로벌 경제에서 준비자산의 다양성 증가를 예상할 수 있고, 따라서 우리는 시간이 지남에 따라 국가들의 준비금 보유에서 다른 자산의 점유율이 점차 증가할 것으로 예상해야 하고, 이것은 '자연스러운 다변화 욕구A natural desire to diversify'"라고 말했다. 일반인은 국제결제통화 혹은 심지어 기축통화 등을 많이 사용하지만, 정확히는 대외 결제에 필요한 통화라는 점에서 '준비금Reserves' 혹은 '외환보유고Foreign exchange reserves'라 부른다. 또한 여기서 말하는 '제재'는 2022년 우크라이나 전쟁에 대해 미국이 러시아를 해외 금융거래를 위한 달러화 결제시스템, 이른바 스위프트SWIFT, Society for Worldwide Interbank Financial Telecommunication에서 퇴출시킨 조치를 말하고, 러시아-우크라이나 전쟁은 탈달러의 중요한 분기점으로 작용했다. 즉 스위프트는 금융기관을 연결하는 국제금융결제망으로 '글로벌 공공재'에 해당한다. 러시아 경제의 파산을 의도했지만, 기대한 목적은 달성되지 못하고 오히려 탈달러의 모멘텀으로 작용했다. 미국으로서는 자기 발등을 찍은 격이 되었다.

게다가 뒤이은 (러시아와 거래하는 제3국 단체·개인에 대한 제재인) 세컨더리 보이콧 등과 더불어 인플레에 불을 붙이면서 탈달러와 미국채 파동은 시작되었다. 2024년 새해가 시작하며 브릭스BRICs에 사우디아라비아가 공식 가입함으로써 탈달러는 가속 페달을 밟게 될 것이다. 이란과 아랍에미리트UAE 등이 브릭스에 합류하는 것이 기정사실화 되면 이들의 석유공급은 전 세계의 약 42%를 차지하게 되기 때문이다.

사실 미국채 파동과 달러 힘에 대한 의구심은 예정된 사건이었다. 인플레와 러시아 제재 등은 영미가 주도한 산업문명과 근대 패권주의 국제관계의 실패가 근본 원인이기 때문이다. 코로나 팬데믹은 (인간과 동물 간 공존, 인간과 자연 간 균형을 깨뜨린) 인간중심주의 산업문명의 실패를 의미한다. 미국 연준이 물가안정의 기준으로 삼는 근원 개인소비지출PCE 증가율은 2021년 3월부터,

근원 소비자물가CPI 상승률은 4월부터 연준 목표치 2%를 넘어섰다. 코로나 바이러스에 대한 백신 개발 등에 힘입어 경제활동이 재개되고 공급망은 정상화되지 않은 상태에서 억눌렸던 소비가 폭발한 결과였다. 2021년 연말까지 근원 CPI는 5%대, 근원 PCE는 6%대까지 치솟았으나 연준은 (공급망이 정상화되면 인플레는 진정될 것이라며) 일시적 현상으로 간주했다. 이는 연준의 착각이었다.

꾸준히 상승하던 유가(WTI 기준)는 2022년 1월에 80달러대로 뛰어올랐고, 비경제적(코로나 바이러스발) 공급 충격은 (상당한 긴축을 해야만 안정시킬 수 있는) 서비스 물가로 확산했다. 예를 들어, 2021년 12월 근원 CPI 상승률 7.0% 중 50%가 넘는 3.7%가 에너지 서비스를 제외한 서비스 물가가 차지했다. 게다가 바로 이어 2022년 2월 24일 러시아가 우크라이나를 침공하자 유가는 단숨에 100달러를 돌파했다. 물가안정의 목표치를 벗어난 지 1년이 지난 2022년 3월이 되고 나서부터야 연준은 금리 인상을 시작했다.

그러나 앞에서 언급했듯이 서비스 물가 주도의 인플레는 빠른 금리 인상을 요구했다. 문제는 급격한 금리 인상에 따른 경기 침체나 금융 불안정을 우려하지 않을 수 없었다. 그리하여 물가를 잡기 위해 소비자에게 상대적으로 영향이 큰 단기 시장금리 인상은 허용하면서 중장기 시장금리의 높은 상승은 억제할 수밖에 없었다.

'재무부-연준-월가'의 협업이 작동했다. 재무부와 연준은 미국채 수급을, 월가는 시장의 여론 조성을 담당했다. 그럼에도 완전한 통제는 성공할 수 없었다. 일반인들이 미국채 가격의 향방을 이해하려면 세 가지 점만 주목하면 된다.

첫째, 단기채는 연준이 어느 정도 통제 가능하기에 단기 국채 가격 폭락(수익률 폭등)은 연준이 저금리를 유지할 수 있는 환경에 달려 있고, 여기서 핵심 요인들은 인플레와 고용, 금융 안정성 등이다. 인플레가 잡히거나 고용이 둔화하거나 금융시장이 불안정해지면 금리를 인하하고, 그러면 단기 국채 수익률은 안정될 수 있다.

둘째, 미국 장기채도 결국 인플레가 그 향방을 결정할 것이다. 장기채가 인플레를 헤지할 수 있을 때 훌륭한 투자자산이듯이 인플레를 통제할 수 있느냐에 따라 장기채의 매력, 즉 가격은 높게 유지될 수 있다. 예를 들어, 현재값이 100인 상품이 10년간 연평균 3.5% 인플레 시 10년 후 상품가격은 141 이상이 되는데, 그렇다면 10년물 채권의 연평균 수익률도 3.5%를 넘어야만 한다. 10년물 연평균 수익률이 4%이면 10년 후 자금은 148 정도가 된다. 10년물 미국채가 불안한 모습을 보이는 것은 모두 인플레 헤지가 가능할 것인가에 대한 우려가 고조된 결과이다.

셋째, (장기 채권 보유자에게 해당 만기까지 금리 불확실성에 대해 추가로 지불하는 가치를 의미하는) 기간 프리미엄Term premium이다. 그런데 문제는 코로나 팬데믹 이후 우리가 경험하는 인플레가 비경제적 충격(산업문명 실패와 패권주의가 수반한, 즉 미국 시스템에서 비롯한 구조적 리스크)이라는 점이다. 미국 시스템의 구조적 리스크로 인해 발생하는 인플레, 혹은 구조적 리스크로 인해 또 다른 대규모 재정 투입이 필요한 상황이 도래할 때 연준이 수습할 힘이 있는가에 대한 의구심, 그 연장선에서 장기채 수급구조에 영향을 미치는 재정 적자를 통제할 수 있는가에 대한 의구심 등이 ㈜장기 미국채 가격에 대한 불안한 시선들이다.

이러한 이해를 전제로 이제 2022년 10월과 2023년 8~10월, 두 차례의 중장기 미국채 가격의 폭락을 해석해보자. 먼저 2022년 9월 하순부터 미국채 10년물 수익률은 전고점인 3.5%를 넘어 급등하기 시작해 4%에 근접하고 10월 14일~11월 9일까지 4%대가 지속했다. 당시 10년물 미국채 가격 폭락은 인플레가 잡히지 않았다는 우려가 확산한 결과이다. 2022년 7월, 근원 개인소비지출PCE 증가율(연율)은 2022년 들어와 처음으로 5% 밑으로 내려왔다. 그런데 8월과 9월에 각각 5.2%와 5.5%로 다시 반등하며 금리 추가 인상이 불가피하게 되었다. 실제로 9월과 11월 두 차례 연속 연준은 금리를 0.75%p씩 올렸다.

미국채 수익률 급등(=가격 급락)은 세계 금융시장에 영향을 미쳤고, 특히 영국에 가장 큰 타격을 줬다. 미국 금융시장과 연계되어 있을 뿐 아니라 9월 6일 새로 영국 총리로 취임한 리즈 트러스Liz Truss가 당시 예정된 법인세 인상 계획을 철회한 것이 화근이 되었다. 당시 영국 정부 채무는 GDP 대비 100%가 넘는 상황이었다. 정부 채무를 완화하기 위해 증세가 불가피한 상황에서 9월 트러스 정부가 소득세 인하와 법인세 인상 철회 등 감세를 핵심으로 하는 '미니 예산안'을 발표하자 영국 국채 가격은 폭락하기 시작했다. 정부 재정이 악화된 상황에서 감세에 따른 재원 부족에 대한 대책 마련도 없이 감세안을 밀어붙이자, 금융시장이 발작을 일으킨 것이다. 연기금의 파산이 우려되자 긴축을 진행하던 영란은행은 국채 무제한 매입으로 선회하고, 트러스 정부는 감세안을 철회했다. 결국 트러스는 책임을 지고 총리직을 물러났다.

미국채 가격 폭락은 미국채 유동성 문제로 확대되었다. 최고의 안전자산인 미국채 등 선진국 장기 국채는 장기 투자를 하는 연기금이나 생명보험회사 등의 고유 투자상품일 뿐 아니라 높은 담보가치로 인해 레버리지를 만들어낼 수 있는 주요 자산 역할도 했다. 그런데 국채 가격의 폭락은 담보가치의 하락으로 이어지고, 가치 하락만큼 담보를 보완해야 함에 따라 국채 매각(과 국채 가격 추가 하락) 압력으로 작용했다. 국채 가격 하락의 악순환이 작동하면서 국채를 기피했고, 이에 2022년 10월 12일 옐런은 "시장에서 충분한 유동성의 손실에 대한 우려" 문제를 언급하며 연준이 레포(Repo, 일정 기간 후에 일정한 가격으로 도로 사들인다는 조건으로 이루어지는 채권 거래) 창구를 활용할 수 있다고 구체적인 해법까지 제시했다. (연준의 개입과 더불어 결정적으로 인플레가 꺾이기 시작하면서 연속 4회 인상한 0.75%p 금리 인상은 더는 없을 것이라는) 월가의 바람잡이 등에 힘입어 미국채 10년물 수익률은 11월 10일 이후 4% 밑으로 떨어지며 안정을 찾기 시작했다. 12월에 발표한 11월 근원 PCE

상승률은 실제로 5.1%까지 떨어졌고, 12월부터는 5% 밑으로 미끄러졌다.

미국채 10년물 수익률이 4%를 다시 돌파한 것은 2023년 8월 이후였다. 그런데 이때는 근원 PCE 상승률이 계속 하락하며 4% 밑으로 빠르게 내려가는 상황이었음에도 채권 수익률이 급등했다는 점에서 2022년 가을과 차이가 있다. 인플레 둔화 속에서 무엇이 중장기 미국채 가격 폭락을 부추겼을까? 이는 미국채 수급 구조의 문제였다. 미국채 발행액은 5월 31조 4,645억 달러 규모에서 6월 32조 3,323억 달러로 한 달 만에 8,678억 달러나 증가하면서 미국채 발행 급증 속도에 대한 공포가 확산했다. 실제로 9월에는 33조 1,673억 달러로 4개월 만에 미국채 발행액은 1조 7,000억 달러가 증가했다. 미국채 가격은 무섭게 폭락했다. 9월에 미국채 10년물 수익률은 4.5%를 돌파하더니 10월에는 한때 5%를 돌파하기도 했다. 그런데 11월부터 미국채 수익률은 급락했고, 12월 중순 이후 4%가 무너졌다.

미국채 가격 급등(=수익률 급락)을 가져온 힘들은 무엇이었을까? 무엇보다 옐런의 시간 벌기 대응이 효과를 보았다. 미 재무부는 11월 국채 발행 계획과 관련해 시장이 예상한 것보다 다소 줄였다. 2024년 임시 예산안 타결로 재정 자금 조달에 여유가 생기면서 매각 속도 조절에 나선 것이다. 실제로 (미국 재무부 재정 데이터Fiscal Data에 따르면) 10월 미국채 총 발행액은 33조 6,996억 달러로 9월에 비해 5,323억 달러 증가했지만, 11월과 12월에는 각각

1,791억 달러와 1,228억 달러 증가에 불과했다. 그리고 인플레 지표의 개선이 지속되었다. 개인소비지출PCE 상승률은 5월 4.0%에서 6월 3.2%로 큰 폭으로 떨어졌다가 7월부터 9월까지 재상승해 왔으나 10월 3%에 겨우 턱걸이할 정도로 크게 완화되었다. 근원 PCE도 6월과 7월 4.3%에서 8월과 9월 각각 3.8%와 3.7%로 하락해왔는데 10월에도 3.5%를 밑돌 정도로 하락 속도를 키웠기 때문이다. 2023년 상반기 동안 3.5% 안팎을 지속하던 실업률도 8월과 9월에 3.8%, 그리고 10월 3.9%까지 오르면서 경기둔화 분위기를 조성했다. 물론, 실업률은 11월에 다시 3.7%로 조금 내려앉았다. 실질 개인소비지출도 (전월 대비) 10월 증가율이 9월 증가율의 절반 수준으로 줄어들었다. 이런 분위기에서 12월 마지막 연방공개시장위원회FOMC에서 금리 동결과 더불어 FOMC 이후 공개된 (FOMC 위원들이 적정 금리가 어느 정도가 되어야 할지 체크한) 점도표를 통해 내년 3회 금리 인하 가능성을 드러냈다. 물론 점도표는 가변적이다. 그렇지만 11월 이후 연말의 미국채 시장은 1년 전과 너무 흡사하다.

자, 지금까지 미국 장기채 수익률 결정 요인들과 더불어 실제로 진행된 미국채 가격의 움직임에 대해 평가했다면, 향후 미국채의 향방은 어떻게 전망할 수 있을까? 미 재무부와 연준, 그리고 월가 등은 지난 2년간 자신들의 실력(?)을 모두 드러냈다. 문제는 미국 장기채 가격이 언제까지 3각 동맹이 원하는 대로 요리될 수 있겠느냐 하는 점이다. 장기채 가격을 결정하는 근본적인 힘들은 인플레 전망과 미국채 수급 구조 문제이다. 이 두 가지 문제는 사라졌는가? 많은 전문가는 금융위기 이후부터 코로나 팬데믹 이전까지 경험했던 저물가와 그에 기초한 초저금리(이지 머니) 시대는 다시 경험하지 못할 것이라는 점에 동의한다.[7]

이는 금융위기 이후의 '이지 머니' 공급에 의한 자산시장 부양은 어렵다는 사실을 말한다. 사실 이는 저임금 중국 경제의 세계시장 편입으로 상징되는 세계화와 (수확체감 효과가 약화하는 방향으로 산업체계 변화를 불러온) 기술진보 등이 가져다준 저물가로 가능했다. 그런데 디커플링이라 부르든, 디리스킹이라 부르던 (사실 대상이 된 중국은 양자 사이에 차이가 없다고 주장하고 있고) 정책 주도의 지경학적 파편화 리스크The risk of policy-driven geo-economic fragmentation는 '상수'가 되었다. 이것은 (앞에서 2021년 이후의 비경제적 공급 충격에 의한 인플레 요인으로 말한) 미국(서구) 패권주의라는 근대 국제관계 패러다임이 실패한 산물이기 때문이다. 그런 점에서 (금융 충격으로 불황

---

7 예를 들어, 향후 10년간 10년물 미국채의 평균 수익률은 최소 4.75%부터 최대 6~7% 시대를 맞이하게 될 거라고 전망한다. 평균 4.75% 주장의 근거는 다음과 같다. 2003년 9월 26일~2023년 9월 26일의 20년간 평균 소비자물가^{CPI} 상승률이 2.55%, 실질 연준 금리(=연준 유효 금리-CPI) 평균이 -1.13%, 기간 프리미엄(=10년물 수익률 2.91%-연준 기금금리 1.42%) 1.49%를 근거로 지난 20년간 10년물 예상 평균 수익률을 계산하면 2.91%이다. 이 논리의 연장선에서 향후 인플레율을 최소 연평균 2.5%, 연방정부 부채로 인해 실질금리를 1.5~2.0%, 미국 정부의 신뢰 약화로 기간 프리미엄을 0.75~1.0%로 책정한 결과 향후 10년간 10년물 예상 평균 수익률이 4.75~5.5%에서 형성될 것이라고 주장한다(Lawrence H. Summers, 2023). 여기에는 연준 기금금리(인플레율 2.5%+실질금리 1.5~2.0%)가 4.0~4.5%가 된다는 것을 내포한다. 6~7%의 연평균 수익률은 연평균 인플레율 3.0~3.5%, 연평균 실질성장률 2.0~2.5%, 기간 프리미엄 1%를 전제로 한 주장이다(Ben Samild, 2023). 지난 20년의 연평균 실질성장률이 2.04%였는데 이는 실제 실질금리(-1.0%)와 큰 차이를 보인다. 이는 교과서 세계의 실질금리를 반영해 연준이 금리를 책정하지 않고, 과도하게 초금융완화를 진행한 것임을 보여준다. 문제는 두 주장 모두 연준금리 4.0% 이상을 가정하는데 미국 경제의 체력이 이를 감당할 수 있느냐이다.

이 도래하기 전에는) 과거의 인플레 수준을 기대하기는 어렵다는 점은 모두가 납득할 수 있다.

또 한 가지는 미국 정치권이 예산 통제 능력을 상실했다는 점이다. 최근 시장이 미국 정부의 자금조달 업무(국채 경매 응찰률, US Treasury's Quarterly Financing Announcements)에 대한 관심을 키우고 있는 배경이다. 장기 국채에 대해 투자자들이 예상보다 높아지는 인플레 위험에 대한 보상을 요구하는 것이다. 실제로 2023년 11월 재무부의 분기별 자금조달 발표에서 미국채 공급 물량의 조절(축소)은 2024년 (임시) 예산안 타결로 확보한 재정 운영 여유의 결과물이었다.

그런데 이러한 대응 방식은 기본적으로 시간 벌기에 불과하다는 한계를 갖는다. 미국채 공급 과잉 우려는 구조적 문제이기 때문이다. 시장에 공급되는 미국채 규모는 금융위기 이전(2001~2008년)에는 연 6,795억 달러(GDP 증가분의 120%)씩 증가하다가 금융위기 이후부터 코로나 팬데믹 이전(2009~2019년)까지는 연 1조 1,365억 달러(GDP 증가분의 171%)씩 증가해왔다. 그리고 코로나 팬데믹 이후(2020~2022년)에는 연 3조 1,485억 달러(GDP 증가분의 210%)씩 증가하고 있다.

이처럼 미국채 공급 과잉 문제가 해소될 가능성이 크지 않다. 게다가 미국채 시장에서 러시아가 강제 이탈된 것이나 일본과 대만 등의 생명보험회사가 보험금 지급 입장으로 전환하며 장기 국채 투자자에서 매도자로 변한 것도 장기 국채 시장의 변동성이 증대하는 배경이다. 이는 미국채 가격의 안정성 약화가 '상수'가 되는 시대의 도래를 의미한다. 그리고 이는 달러 힘의 약화를 의미한다. 옐런이 **"준비금의 자연스러운 다변화 욕구"**를 미국이 준비해야 한다고 말한 배경이다.

화폐 권력의 다원화와
성공 조건

지금까지 살펴봤듯이 화폐 권력은 지각변동을 겪고 있다. 중앙정부가 독점하던 화폐공급 권한은 금융 자본으로 일부 분산되었고, 자본의 힘이 월가에서 실리콘밸리로 이동하듯이 화폐공급 권한은 다시 플랫폼으로 분산되고 있다. 여기에 더해 미국 중심의 국제통화시스템은 준비금의 다변화라는 도전을 맞고 있다. 그런데 여기에는 과거 금융 자본의 영향력 확대로 이어진 화폐 권력의 분산과는 차이가 존재한다.

현재 디지털 생태계를 주도하는 플랫폼 사업모델은 성격상 개방과 이익 공유와 협력 등이 가치 창출의 핵심 원리들이다. 이러한 차이로 플랫폼 사업모델은 기존 제조업 기반의 사업모델보다 성장과 수익성 등에서 우위를 보였다. 그 결과 제조업 기반의 사업모델의 시가총액이 5,000억 달러를 넘는 경우가 없는 반면 플랫폼 사업모델은 5,000억 달러를 넘는 기업이 7개, 특히 1조 달러를 넘는 기업은 5개나 되고, 최고 시가총액의 애플은 3조 달러를 넘나든다. 그런데 애플의 시가총액은 2012년부터 1위 지위를 내려놓은 적이 없다. 이는 애플 사업모델에 플랫폼 사업모델의 특성과 한계가 모두 내포되어 있음을 의미한다.

전통적인 제조업 사업모델은 가치 창출을 기업이 보유하는 내부의 (핵심)자원을 활용하는 폐쇄형 혁신 방식에 의존한다면, 애플 사업모델의 상징인 아이튠즈 뮤직스토어나 앱스토어 사업모델은 애플의 자원과 애플 밖의 자원들(콘텐츠 창작자나 소프트웨어 개발자)의 협력과 이익 공유를 통한 개방형 혁신 방식이다. 이러한 가치의 공동 창조 방식으로 안정적인 디지털 무형재(콘텐츠나 소프트웨어 서비스)를 결합한, 매력적인, 그 결과 부가가치가 높은 제조 제품(아이팟, 아이폰 등)을 공급할 수 있다.

하지만 애플 생태계는 애플 제품을 이용하는 사람으로 그 범위가 제한되는 플랫폼이다. 플랫폼 규모를 키우기 위해 미래카 등 새로운 제품으로 영역을 확장하는 방식을 추구하지만, 기본적으로 숫자에 제약적일 수밖에 없다는 한계가 있다. 게다가 앱스토어 사업모델 이후 새로운 혁신이 등장하지 않는 가운데 중국 시장 타격으로 애플형 플랫폼은 성장 정체 국면을 가질 수도 있다.

한편, 구글, 유튜브, 페이스북 등은 애플보다 더 큰 플랫폼을 구축했음에도 연결된 사람들로부터 광고 수입 정도를 만들 뿐 애플처럼 연결을 통한 가치 창출을 만들어내지는 못하고 있다. 다원주의, 개방성, 이익 공유와 협력을 통한 가치의 공동 창조 등을 속성으로 하는 디지털 생태계는 기존의 오프라인 생태계와 전혀 다른 세계를 지향하는데, (영국의 산업혁명을 위해서는 사회혁신이 필요했듯이) 새로운 세계에 필요한 사회혁신이 수반되지 않기 때문이다.

예를 들어, 플랫폼을 통해 확보한 데이터는 플랫폼(디지털 생태계) 속성상 참여자들 모두가 공유하고, 데이터 개방을 통해 혁신을 활성화해야 함에도 전통적인 독점기업처럼 시장지배력을 장악하기 위해 데이터 개방을 거부하고 있다. 그 결과 2010년대 이후로는 제대로 된 혁신을 만들어내지 못하고 있다. 이른바 메타버스로 진화하지 못하는 이유이다. 폐쇄성과 독점 문제의 해결 없이는 오픈 AI 기반의 프로그래밍(앱이나 소프트웨어)도 기존의 사업자 중심의 생태계 구축 방식의 한계에서 벗어날 수 없기 때문이다.

현재 블록체인 기술에 기반한 암호화폐(예: 비트코인이나 이더리움)가 분산과 공유와 개방 등을 속성으로 갖고 있는 분산형 네트워크 화폐임에도, 즉 국가와 금융 자본이 독점하던 화폐 권력을 해체하는 화폐시스템의 혁명임에도, 실질 가치를 만들어내는 플랫폼 사업모델이 뒷받침되지 않아 새로운 화폐시스템으로 발전하지 못하고 있다.

그러나 분산형 네트워크 화폐는 절대 없어지지 않는다. 일부 논자들은 암호화폐는 실질 가치가 없고 버블에 불과하다고 말하나, 비트코인이나 이더리움 등 분산과 개방과 공유의 특성을 실현한 블록체인형 암호화폐는 디지털 생태계의 특성에 부합하는 분산형 네트워크 화폐라는 가치를 갖는다. 단지, 디지털 생태계에서의 신용 역시 실질가치가 뒷받침되지 않는다면 불완전할 수밖에 없다. 이것이 화폐로서보다 (투기적) 자산으로서 자리매김되는 배경이다. 여기에 달러 등 기존 화폐에 가치를 고정해 발행하는 스테이블코인Stablecoin이 기존 화폐로 뒷받침되는 범위 내에서 가치가 유지되는 이유도 디지털 생태계의 성격과 부합하기 때문이다. 기본적으로 (실질 가치 결여 문제를) 정부 경제력으로 가치를 보증한 디지털 화폐, 즉 일종의 디지털 신용화폐이기 때문이다.

스테이블코인이든, 블록체인 기반의 분산형 네트워크 화폐이든, 디지털 생태계로의 이행을 알리는 새로운 맹아임에도 넘어야 할 산은 새로운 방식으로 가치를 창출하는 디지털 생태계의 확립 문제이다. 이 문제가 해결될 때까지 이행기적 혼란은 불가피하다.

새로운 시대의 맹아들과 기존 가치관과 사회질서의 미스매치는 국제화폐시스템에서도 마찬가지이다. 특정 국가의 통화를 준비금으로 사용한 달러본위제는 미국의 절대적 경제력이 쇠퇴한 후 지속 불가능한 운명이었다. 경제력의 다원화는 준비금의 다원화로 이어질 수밖에 없기 때문이다. 달러본위제를 억지로 고수할수록 미국과 나머지 국가들의 화폐 주권은 충돌할 수밖에 없다. 달러본위제의 쇠퇴가 달러가 주요 통화로서 지위를 상실한다는 것을 의미하지는 않는다. '준비금의 다원화'라는 의미에서 달러본위제Dollar as the world's reserve currency의 쇠퇴를 말하는 것이다.

일부 사람들은 달러본위제의 쇠퇴를 달러를 대체할, 또 다른 중심통화의 부상과 동의어로 해석하는 이분법 사고에 갖혀 있다. 그런데 중심통화 시대는 다시는 돌아올 수 없다. 중심통화가 없는 시대에 살아본 적이 없고, 그런 새로운 시대를 상상할 수 없다 보니 달러본위제가 영원할 것Long live dollar standard! 이라고 집착할 뿐이다. 글로벌 사우스의 대변자 역할을 자처하는 브릭스가 G7 주도의 국제통화시스템에 도전하는 배경이다. 미국을 포함 G7 모두에게 깊은 상처를 낸 금융위기를 수습하기 위해 등장한 G20은 경제력 다원화의 현실을 보여주었다.

그럼에도 미국은 금융위기의 대외적 원인으로 '글로벌 불균형=글로벌 과잉 저축'에 돌리며 미국 이익을 위해 '나머지 세계'에 희생을 강요했다. 경제 주권의 충돌이다. (앞에서 소개한) 경상수지 흑자 축소를 둘러싼 미국과 주요 교역국들 간의 갈등, 더 나아가 미·중 간 경제패권을 둘러싼 갈등 등이 화폐 권력을 둘러싼 갈등인 이유이다. '통화정책 독립성의 약화'라는 미국 화폐 주권의 손상은 기본적으로 중심통화가 달러와 경제력 다원화의 미스매치에서 비롯한 것이다. 그런데 미국은 자신의 화폐 주권을 위해 (자신의 경제력을 강화하기보다) 나머지 세계에 경제력 신장을 포기하라고 요구하는 것이다. 하지만 현실적으로 외환위기에 대한 자기 보험 차원이든, (산업 경쟁력과 경제성장 등에 필요한 화폐경쟁력 확보라는) 경제 주권의 차원이든 간에 나머지 세계의 달러 축적을 막을 권리가 미국에는 없지 않은가.

결국 준비금의 다원화가 하나의 대세라면 국제금융시스템의 안정성을 위한 국제 협력은 선택을 넘어 필수 사항이다. 문제는 패권주의 사고에 젖어 있는 미국이 준비금의 다원화를 현실로 받아들일 수밖에 없는 순간이 도래할 때까지는, 먼저 모두의 경제 주권을 인정하기 어려울 것이라는 점이다. 경제 블록화나 독자적 공급망 구축 등으로 나타나는 세계 경제의 지경학적 파편화Geo-economic fragmentation는 그 산물에 불과하다. 분산형 네트워크화폐처럼 준비금의 다원화 역시 시대적 대세임에도 준비금 권력을 독점하려는 달러의 힘으로 인해 국제통화시스템 및 국제금융시스템 모두 이행기적 혼란을 피할 수 없다.

이처럼 (낡은 것은 사멸했는데 새것이 태어나지 않았다는 사실이 위기를 정확히 말하듯이 권위의 부재 시기에 아주 다양한 병적 증상들이 나타날 것이라고 그람시가 말했듯이) 적어도 21세기 전반부는 불확실성과 혼란 등이 극대화될 수밖에 없다. 새로운 시대에 필요한 사회혁신들을 만들어내는 길밖에는 다른 선택의 여지가 없고, 그것은 바로 정치의 역할이다. 인간 사회가 직면한 공동 과제를 푸는 일이 정치이고, 이를 통해 미래에 대한 희망을 만드는 것이 바로 정치이기 때문이다.

인간 사회를
움직이는 두 개의 바퀴

평생 역사적 분석을 통해 경제학을 공부하면서 깨달은 것은 인간 사회는 정치와 경제라는 두 개의 바퀴로 움직이고, 두 개의 바퀴가 균형을 이룰 때 앞을 향해 나아갈 수 있다는 사실이다. 정치(민주주의)와 경제(시장)의 균형이 깨질 때 사회는 붕괴의 길을 걷고, 그 사회 속의 인간은 병들어간다는 사실을 알았다. 평생 대학 선생으로 살아온 필자가 학생들을 강의실에서 처음 만날 때 하는 말이 있다. "경제학은 돈의 배분 문제가 주요 연구 대상인 학문으로, 현실에서 치열한 삶을 살아가는 사람들의 마음을 편안하게 해주는 것이 목표이고, 경제와 분리될 수 없는 정치는 미래에 대한 희망을 갖게 해주는 것이다."

왜 정치는 경제와 분리할 수 없는가를 '인간은 사회적 동물'이라는 명제를 갖고 설명한다. 함께 살아가는 것이 생존에 유리해서 사회를 구성하고 살아온 순간부터 인간의 대부분 활동은 '사회적 활동'이고, 인간이 필요로 하는 것을 만들어내는 생산활동 역시 '사회적 생산'이다. 사회적 생산의 화폐적 표현이 바로 국내총생산GDP 개념이다. 함께 생산한 목적은 궁극적으로 자기와 가족에게 필요한 몫을 배분받기 위한 것이고, 현대 화폐경제에서 배분은 돈으로 배분되기에 경제학의 주요 연구 대상이 돈의 배분 문제인 이유라고 설명한다. 그리고 사회적 생산의 배분 과정에서 가장 먼저 해야 하는 것이 '사회몫'을 할당하는 것이고, 사회몫의 최우선 순위는 사회 구성원 모두에게 생계에 필요한 최소 소득을 배분해주는 것일 수밖에 없다. 이것이 사회소득 개념이다. 그런데 사회몫의 크기와 우선순위 등을 결정하는 것이 정치의 영역이다. 오늘날, 경제활동은 시장이라는 제도로, 정치는 민주주의라는 제도로 운용된다는 점에서 사회몫은 민주주의의 수준을 반영한다.

이처럼 민주주의와 시장이라는 두 개의 축으로 굴러가는 사회에서 두 축 사이의 균형이 깨진다는 것은 정치의 과잉이거나 시장의 과잉을 말한다. 오늘날 전 세계는 (정도의 차이가 있을 뿐) 정치적 혐오와 증오가 난무하는 야만의 시대를 살고 있다. 시장 과잉의 결과이자 정치 실패 및 민주주의 실종의 결과이다. 시장 과잉을 나타내는 대표적 지표가 (소득과 자산의) 불평등 혹은 경제적 양극화이다. 불평등과 양극화는 돈의 힘(시장)이 지배하는 사회의 한 현상이기 때문이다.

불평등과 경제적 양극화가 심해지며 정치 또한 양극화된다. 정치인들이 자신의 지지 세력의 목소리만을 대변하면서 정치가 극단의 길로 가게 되는 것이다. 사실 경제적 양극화가 정치적 양극화로 이어지는 것은 많은 연구로 밝혀졌는데, 사실 이는 연구 이전에 상식의 문제이다. 정치적 양극화가 심해지면 상대방에 대한 혐오와 증오, 심지어 폭력 등으로 이어진다. 관용과 사랑 등은 점점 설 자리를 잃어간다. 이는 사람의 정신과 마음이 병들어 가는 것을 의미한다.

경제 규모가 크고 산업화를 이룩한 나라 중 사회적 병리 현상이 극심한 대표적 나라가 미국과 한국이다. 두 나라 사이에 존재하는 경제적 공통점은 세계에서 가장 자산 불평등이 심한 나라들이라는 점이다. 희망을 잃은, 많은 보통 사람이 자신보다 불리한 위치에 있는 사회적 소수자를 공격하며 분노 표출의 대상으로 삼는 사회적 공통점을 갖는 배경이다. 정도의 차이가 있을 뿐 사회가 점점 야만화되고 있는 이유이다. 차이점은 한국은 부동산자산 중심이고 미국은 주식 등 금융자산 중심이라는 점이다. 이는 한국의 자산 불평등이 내용상 더 좋지 않다는 걸 의미한다. 한국 경제에서 혁신 실종 등 경제 활력이 고갈된 배경이다. 또 하나의 차이점은, 미국은 힘을 활용하여 만만한 나라들에게 자기 비용을 전가하며 자국 이익을 추구하는 반면, 한국은 비용을 떠안는 나라가 되었다는 점이다. 한국이 대외 관리 실패에 따른 작은 외부 충격으로도 경제위기에 처하게 되는 배경이다.

한국이 이렇게 망가진 이유는 한국 사회와 경제가 '부동산 카르텔'이 만들어낸 사실상의 세습사회가 되었기 때문이다. 모든 것을 빨아들이는 블랙홀인 부동산으로 인해 경제 활력도 잃어버렸고, 인구도 축소되고, 급기야 사회가 사실상 붕괴되었다. 그리고 이제 부동산 모래성이 무너질 위기를 맞이하고 있다. 소비, 투자, 수출, 소득 등이 모두 마이너스 행진을 하며 지난 2023년의 스태그플레이션은 조만간 디플레이션으로 전환될 가능성이 크다. 낡은 집(사회질서)이 무너진 후 새로운 집(사회질서)을 지어야 할 순간이 다가오고 있다.

사회를 복원하고 정상화하는 것은 복잡한 일이 아니다. 사회를 구성하는 양 축인 정치와 경제가 제자리를 잡게 하는 것에서 시작하면 된다. 구체적으로 그것은 (사회소득과 사회금융으로 표현되는) 사회몫과 (개인의 가치 창출 과정에서의 기여분인) 개인몫의 배분에서 균형을 만드는 일이다. 대한민국의 사회가 실종된 이유는 사회몫의 배분이 매우 취약하기 때문이다. 사회몫의 배분은 정치의 영역이고, 민주주의의 수준을 반영한다.

민주주의가 중요한 이유는 돈의 제자리를 찾아주기 때문이다. 돈을 비생산적 활동에서 생산적 활동으로 배분하여, 사회가 고인물이 되지 않고 유동성을 높임으로써 경제 활력을 만들어준다. 이런 점에서 민주주의는 경제적 삶의 토대이다. 이런 점에서 사회 유지와 발전을 위해 민주주의(정치)와 돈(시장)은 서로 상대를 필요로 하는 관계이다. (정부 실종과 각자도생이라는 말이 회자했듯이) 우리 사회는 지난 2년간(2022~2023년) 민주주의가 붕괴할 때 사회와 경제가 어떻게 붕괴되는지를 목도했다. 비싼 비용을 지불하고 나서도 민주주의의 소중함을 깨닫지 못하는 사회는 미래가 없다.

정치의 실종과 민주주의의 취약성은 정치인의 잘못이 크지만, 정치에 대한 국민의 혐오와 무관심에도 책임이 있다. 돈의 힘을 장악한 집단은 끊임없이 정치에 대한 혐오감을 부추김으로써 국민을 파편화시킨다. 사회 구성원이 자신의 권리를 요구하고, 그 권리가 정치에 반영되도록 하면 정치는 살아나고, 그것이 바로 민주주의를 강화시킨다. 사회 구성원인 국민이 자기 권리를 찾는, 국민이 진짜 주인인 나라가 될 때, 대외적으로도 아무도 흔들 수 없는 나라가 될 수 있다.

사회 구성원 모두가 사회소득과 사회금융에 대한 권리를 실현하는, 사회의 복원과 정상화는 국민의 경제적 삶의 숨통을 틔우고, 극심한 불평등과 부동산 투기를 완화하고, 을과 을이 싸우는 야만 사회가 아닌 함께 더불어 사는 진짜 사회를 만들고, 지역 경제와 사회가 활기를 되찾게 하고, 청년을 비롯해 국민이 자신이 하고 싶은 것을 시도할 수 있는 경제적 기회를 엶으로써 혁신 활성화 및 경제 활력을 만들어낼 것이다. 사회가 이런 모습이 되어야만 아이를 낳고 기르고 싶은 마음이 들지 않겠는가. 그래야만 과거에서 벗어나 미래를 열 수 있기 때문이다.

민주주의가 강한 나라는 아무리 강대국이라도 함부로 흔들지 못한다. 인류 사회의 미래를 위해 해결해야 할 공동 과제가 쌓여 있는 국제사회는 패권주의를 종식시키고, 국가 간 협력을 활성화시켜야 하는 중차대한 시간에 놓여 있다. 대한민국은 미국과 중국이 충돌하는 한가운데에 있다는 점에서 패권주의 종식에 중요한 역할을 할 수 있다. 무엇보다 대한민국은 지정학적 및 지경학적으로 미국과 중국에 대한 과잉 의존의 위험으로부터 자유로워져야 한다. 이를 위해 친중과 친미의 이분법을 넘어서야 한다. 이를 위해서는 미국 및 중국과의 관계를 호혜주의 원칙을 바탕으로 설정해 그 양국 앞에 줄 서기를 거부해야 하고, 우리 스스로가 민주주의 강국이 되어야만 한다.

DoM 026

화폐 권력과 민주주의
대한민국 경제의 불편한 진실

초판 1쇄 발행 2024년 2월 13일
초판 5쇄 발행 2024년 8월 20일

지은이 최배근
펴낸이 최만규
펴낸곳 월요일의꿈
출판등록 제25100-2020-000035호
연락처 010-3061-4655
이메일 dom@mondaydream.co.kr

ISBN 979-11-92044-41-5 (03300)

ⓒ 최배근, 2024

'월요일의꿈'은 일상에 지쳐 마음의 여유를 잃은 이들에게 일상의 의미와 희망을 되새기고 싶다는 마음으로 지은 이름입니다. 월요일의꿈의 로고인 '도도한 느림보'는 세상의 속도가 아닌 나만의 속도로 하루하루를 당당하게, 도도하게 살아가는 것도 괜찮다는 뜻을 담았습니다.

"조금 느리면 어떤가요? 나에게 맞는 속도라면, 세상에 작은 행복을 선물하는 방향이라면 그게 일상의 의미이자 행복이 아닐까요?" 이런 마음을 담은 알찬 내용의 원고를 기다리고 있습니다. 기획 의도와 간단한 개요를 연락처와 함께 dom@mondaydream.co.kr로 보내주시기 바랍니다.